Michelle Becka und Johannes Ulrich

Ethik im Vollzug

Michelle Becka und Johannes Ulrich

Ethik im Vollzug

Handreichung für die ethische Fallreflexion

www.aschendorff-buchverlag.de

Printed in Germany
Gedruckt auf säurefreiem, alterungsbeständigem Papier ♾
ISBN 978-3-402-24664-1
ISBN (E-Book-PDF) 978-3-402-24665-8

Inhalt

Vorwort

Diese Handreichung verdankt sich der Erkenntnis, dass die ethische Reflexion einen Raum in Justizvollzugsanstalten benötigt. Dringend bedarf es innerhalb dieser Strukturen des Nachdenkens über die zahlreichen Situationen des Alltags, die fraglich erscheinen oder Unbehagen verursachen. Gleichzeitig ist dieses Nachdenken gar nicht so einfach: Es muss strukturiert und geleitet werden. Das wiederum muss eingeübt werden. Genau dazu möchte dieses Buch eine Hilfestellung geben. Es soll ermutigen und befähigen für die ethische Fallreflexion im Justizvollzug – und darüber hinaus.

Die Handreichung ist hervorgegangen aus der langjährigen Zusammenarbeit mit der Katholischen Gefängnisseelsorge in der AG Ethik im Justizvollzug und aus den Erfahrungen, die in verschiedenen Ethikkomitees gewonnen wurden. Viele Erkenntnisse aus dieser Zusammenarbeit sind hier eingeflossen. Dafür gebührt allen Beteiligten – in der AG, in den Ethikkomitees und darüber hinaus – ein herzlicher Dank! Die Drucklegung des Buches wäre nicht möglich gewesen ohne finanzielle Unterstützung. Daher danken wir ganz besonders der Katholischen Gefängnisseelsorge in Baden-Württemberg, der Katholischen Gefängnisseelsorge in Deutschland e. V., dem Förderverein der Katholischen Gefängnisseelsorge e. V. und dem Bezirksverein für Soziale Rechtspflege in Karlsruhe.

Würzburg im Dezember 2019

Michelle Becka und Johannes Ulrich

Einleitung

Ethik findet immer da statt, wo nicht ganz klar ist, was zu tun, oder wo unklar wird, was richtig und falsch ist. Solche Situationen gibt es oft und überall – auch in der Justizvollzugsanstalt (JVA).

Es ist also nicht verwunderlich, dass sich Gefängnisseelsorger und -seelsorgerinnen 2008 die Frage stellten, ob Ethik im Gefängnis nicht in irgendeiner Weise einen festen Platz bräuchte, ob man nicht vielleicht so etwas wie Ethikkomitees bräuchte – als Ort, um diese fraglichen Situationen zur Sprache zu bringen. Die zunächst sehr vage Idee konkretisierte sich in der Zusammenarbeit der Katholischen Gefängnisseelsorge mit der Professur für Theologische Ethik der Universität Frankfurt (Hille Haker/Michelle Becka), fortgeführt ab 2012 von Michelle Becka (jetzt Universität Würzburg). Die Arbeitsgruppe Ethik im Justizvollzug dachte über ethische Fragestellungen im Justizvollzug ebenso nach wie über Wege und Methoden, diese Fragen vor Ort zu diskutieren und die entstehenden Prozesse weiter zu verfolgen. So gibt es heute mehrere Ethikkomitees in JVA, die nach wie vor von der Arbeitsgruppe begleitet werden.

Die Erfahrung über die Jahre hinweg zeigt: Die Arbeit der Ethikkomitees ist wichtig. Aber sie ist nicht immer einfach. Das Diskutieren muss eingeübt werden. Und damit das Problem, das der fraglichen Situation zu Grunde liegt, wirklich zielgerichtet diskutiert wird, bedarf es Hilfestellungen. Diese Handreichung bietet eine solche Hilfestellung an. Sie richtet sich an alle, die Mitglieder in Ethikkomitees sind oder diese moderieren, und jene, die das in Erwägung ziehen – oder sich einfach für ethische Fragestellungen im Gefängnis (oder anderen Einrichtungen) interessieren.

Ethik im Justizvollzug ist nicht nur ein Thema der Seelsorge. Und doch ist es kein Zufall, dass die Frage nach Ethik im Justizvollzug von Seelsorgern aufgeworfen wurde, denn sie haben im Justizvollzug eine besondere Rolle. Sie kennen die Institution und ihre Abläufe und stehen in engem Kontakt zu Inhaftierten und Bediensteten. Gleichzeitig werden sie durch ihre Aufgaben – und durch ihre Zugehörigkeit zu einer anderen Institution, nämlich Kirche – weniger als Teil des Systems wahrgenommen. Und tatsächlich verfügen sie dadurch über größere Freiräume als die anderen Bediensteten, schon allein, weil die Anstaltsleitung Seelsorgern gegenüber nur begrenzt weisungsbefugt ist.

Auch wenn die Initiative zu einer Ethik im Justizvollzug von der Katholischen Gefängnisseelsorge ausging, ist die Arbeit vor Ort – auch im Bereich der Ethik – ökumenisch geprägt. Die interreligiöse Zusammenarbeit steht hingegen noch am Anfang; in den Ethikkomitees gibt es noch keine Erfahrungen damit. Diese Zusammenarbeit wäre aber wünschenswert, da Probleme mit religiösem Hintergrund durchaus Gegenstand in Ethikkomitees sind.

Im Ethikkomitee ist die Seelsorge nur eine Perspektive unter vielen. Sie hat keine Sonderstellung inne. Es ist auch nicht notwendig, dass ein Seelsorger die Moderation übernimmt. Dass das dennoch häufig so praktiziert wird, liegt wohl einerseits an dem bereits erwähnten größeren Handlungsspielraum und andererseits daran, dass Theologinnen und Theologen über Grundkenntnisse der Ethik verfügen. Diese Handreichung dient aber ausdrücklich dazu, alle Berufsgruppen zur Mitarbeit in und zur Moderation von Ethikkomitees zu ermutigen.

Der erste Teil dieser Arbeitshilfe nähert sich dem Thema von unserem Alltagsverständnis her. Auf dem Weg dorthin klärt er relevante Begriffe wie Norm, Wert oder moralischer Konflikt. Insgesamt zielt dieser allgemein gehaltene, einführende Teil auf ein Verständnis von Ethik als einem Nachdenken über das Handeln ab. Die in ihr häufig verwendeten Begriffe werden entwickelt und erklärt. Anschließend wird zur Überleitung auf die Justizvollzugsanstalt als einem Ort, an dem Ethik stattfinden kann, eingegangen.

Die Bedeutung und die Arbeit von Ethikkomitees in Justizvollzugsanstalten werden in einem zweiten Teil erläutert. Nach einer kurzen Zusammenfassung der historischen Entwicklung gibt dieser praktische Hinweise zur Implementierung und inhaltlichen Gestaltung von Ethikkomitees. Im Zentrum des zweiten Teils (und der ganzen Handreichung) steht die ethische Fallreflexion in Form eines Leitfadens für die konkrete Diskussion. Der Leitfaden wird eingeführt und kommentiert. Anschließend werden diejenigen Begriffe geklärt, die in der Diskussion oft eine Rolle spielen: Handlungsorientierungen wie Gerechtigkeit, Resozialisierung oder Würde.

Der dritte Teil hat weiterführenden Charakter. Denn besagte Handlungsorientierungen kommen nicht aus dem Nichts, sondern haben sich über Jahrhunderte in gesellschaftlich und philosophisch geführten Diskursen entwickelt. In diesem Zusammenhang werden dem interessierten Leser kleine Einblicke in die großen Ethiktheorien gegeben, die den Verstehenshorizont erweitern sollen. Ein Glossar, praktische Tipps und Literaturempfehlungen schließen die Handreichung ab.

Nur wörtliche Zitate werden in dieser Arbeitshilfe, die kein wissenschaftliches Buch im engen Sinn ist, ausdrücklich belegt. Dennoch prägt die gesamte genannte Literatur die Ausführungen. Detaillierte Nachweise finden sich in dem Band „Strafe und Resozialisierung. Hinführung zu einer Ethik des Justizvollzugs“ von Michelle Becka, deren dritter Teil hier stark ausgearbeitet und für die Praxis konkretisiert wurde.

Ethik – wie es oben hieß – findet immer da statt, wo nicht ganz klar ist, was zu tun, oder wo unklar wird, was richtig und falsch ist. In diesem Sinne möchte diese Handreichung nur bedingt Antworten liefern. Vielmehr möchte sie Sie ermutigen, selbst über Handeln nachzudenken und so Ethik zu „vollziehen“. In diesem Sinne wünschen wir spannende Diskussionen und Klärungen und hoffen, mit dieser Handreichung zur Orientierung beitragen zu können. Viel Erfolg!

TEIL I

Vom Grummeln im Bauch …
Eine Annäherung an die Grundbegriffe von Ethik

„Nun ist aber der Ungerechtigkeitssinn nicht nur stechender, sondern auch scharfsinniger als der Gerechtigkeitssinn; denn die Gerechtigkeit ist öfter das, was fehlt, und die Ungerechtigkeit das, was herrscht."
(Paul Ricœur 1996, 241)

Einige Meter entfernt spielt sich die folgende Situation ab: Ein junger Mann drängelt sich an der Supermarktkasse an einer älteren Dame vorbei. Er weiß genau, dass sie sich nicht beschweren wird. Dabei schubst er sie so zur Seite, dass sie fast stürzt. Weil sich niemand etwas zu sagen traut, bezahlt er seine Einkäufe vor ihr und verlässt den Laden.

Sie standen in einer anderen Schlange. Nicht Ihr Problem sozusagen. Und trotzdem fühlen Sie sich unwohl, schlecht. Sie verspüren einen Kloß im Hals und ein unangenehmes Grummeln im Bauch: Hätte ich etwas sagen sollen? Ich stand ja zu weit weg. Aber was da passiert ist, war so nicht richtig …

Eine Weile diskutieren Sie mit sich selbst. Dann kommen Sie selbst an die Reihe, Ihre Einkäufe zu bezahlen, und andere Eindrücke überlagern das beobachtete Ereignis; die Erinnerung verblasst. Nur dieses Grummeln im Bauch, das spüren Sie immer noch, als Sie auf dem Parkplatz ins Auto steigen. Wieso geht es nicht weg?

Dieses Beispiel hat mit Justizvollzug und Ethikkomitees erst einmal nichts zu tun. Auf beides wird in späteren Kapiteln eingegangen. Davor ist aber nötig, dass wir uns mit einigen Begriffen und Wörtern beschäftigen, die dann wichtig werden. Das sind vor allem Wörter, von denen man denkt zu wissen, was sie bedeuten: *Konflikt, Norm* oder *Wert* sind solche Begriffe. Auch im Alltag werden sie manchmal verwendet. Aber im Kontext von Ethikkomitees werden sie in einem ganz besonderen Wortsinn gebraucht, den man verstehen muss, um weiter mit ihnen arbeiten zu können.

Sinn für Ungerechtigkeit

In dem Zitat vom Anfang des Kapitels spricht Paul Ricœur vom Gerechtigkeitssinn, oder besser noch: vom Sinn für Ungerechtigkeiten. Es lässt sich schon ahnen, auf was das Zitat und das Beispiel hinauswollen: Was sich da beim Beobachten der Rücksichtslosigkeit spüren ließ, war eben dieser Sinn für Ungerechtigkeiten. Mit einem Grummeln im Bauch hat er sich zu Wort gemeldet, als wollte er sagen „Das geht so nicht!“ oder „Das macht man nicht!“ oder sogar „Das kann nicht richtig sein, was hier passiert!“ Dieses Grummeln lässt sich auch als moralisches Unbehagen bezeichnen.

Auch wenn der (Un-)Gerechtigkeitssinn kein biologischer „Sinn“ wie das Sehen ist, so stellt er doch eine Fähigkeit des Menschen dar, seine Umgebung auf besondere Art wahrzunehmen. Der Sinn für Ungerechtigkeit kann ignoriert werden – und im Lauf der Zeit verkümmern. Oder aber er kann geschärft werden: Denn jeder kann seine Aufmerksamkeit trainieren, seine Sensitivität und Achtsamkeit. Das hat auch viel damit zu tun, welchen Raum man der wahrgenommenen Ungerechtigkeit einräumt. Wie lange beschäftige ich mich damit? Versuche ich das Grummeln im Bauch so schnell wie möglich loszuwerden? Oder kann ich daraus vielleicht etwas ziehen, das mich selbst und andere weiter bringt?

Wir haben gesehen, dass sich Ungerechtigkeit *wahr*nehmen lässt. Aber Ungerechtigkeit lässt sich auch *für wahr* nehmen, wenn ihr als wichtiger menschlicher Erfahrung Raum gegeben wird. Erinnern wir uns an die Fragen, die Sie sich gestellt haben, als der rücksichtslose Mann die ältere Dame in der Schlange zur Seite gestoßen hat. Das war der Raum, den Sie der Ungerechtigkeit gegeben haben. In einem späteren Kapitel werden wir sehen, dass auch ein Ethikkomitee so ein Ort sein kann, in dem der Ungerechtigkeit *mit anderen* Raum gegeben werden und in dem die *wahr*genommene Ungerechtigkeit *für wahr* genommen werden kann.

In dem Beispiel an der Supermarktschlange wurde wahrgenommen, was passierte. Oft ist es leichter, dort aufmerksam oder achtsam zu sein, wo nicht automatisiert gehandelt wird, sondern wo der Raum da ist, um zu beobachten. Auf dem Weg von A nach B, am besten noch unter Zeitdruck, ist die Wahrnehmung eingeschränkter als auf einem Spaziergang ohne direktes Ziel. Auch dort, wo viel Routine herrscht, wie zum Beispiel am Arbeitsplatz, gehen die alltäglichen Ungerechtigkeiten oft unter. Das Grummeln im Bauch wird dann seltener, leiser und weniger störend. Gleichzeitig werden mehr Anstrengung und Training nötig, um achtsam zu bleiben.

Ungerechtigkeitssinn und Gewissen

Der Sinn für Ungerechtigkeit weist auf Ungerechtigkeiten hin. Manchmal werden sie dadurch sogar körperlich spürbar. Das lässt schnell an dieses Gefühl denken, das sich nach Fehlern manchmal einstellt oder wenn wir uns anderen gegenüber falsch verhalten haben. Es wird auch als „schlechtes Gewissen" bezeichnet.

Man kann sich den Gerechtigkeitssinn wie einen Seismographen vorstellen, der kleinste Erschütterung wahrnimmt. Das Gewissen baut auf dieser moralischen Intuition auf, es pflegt und kultiviert sie, so dass eine Art innerer Kompass entsteht. Vor diesem Hintergrund fragt es nach möglichen Handlungsoptionen. Welche Möglichkeiten habe ich und wie soll ich mich verhalten? Aus diesen Möglichkeiten gilt es, eine auszuwählen, um so zu einem Urteil zu kommen. Es ist verwirrend, dass auch hier oft von „Urteil" gesprochen wird. Dabei handelt es sich nicht um ein juristisches Urteil, das ein Richter fällt, sondern um ein Urteil des eigenen Gewissens. Im Gegensatz zum Ungerechtigkeitssinn, der eher eine Signalfunktion besitzt, ist ein solches Urteil das Resultat längeren Nachdenkens:

„Zu einem wirklichen Gewissensurteil gehört es also, dass man es – gerade weil man sich im konkreten Urteil irren kann – nicht einfach bei einem bloßen Gefühl oder einer Intuition, was richtig sein könnte, belässt, sondern dass man sich mit aller Sorgfalt und nach Kräften um eine nachvollziehbare Begründung der jeweiligen Entscheidung bemüht" (Ernst 2009, 121). Das beinhaltet eben auch Informationen einzutreiben und das Für und Wider genau in den Blick zu nehmen. Gegenüber anderen müssen die Gründe für die Entscheidung angeführt werden können.

Unbehagen als Konflikt

In diesem und den folgenden Abschnitten soll nun versucht werden, das Grummeln im Bauch als Ausdruck eines Konfliktes zu verstehen.

Schon dadurch, dass sich Konflikte in ganz verschiedenen Situationen entwickeln können, wird deutlich, dass nicht jeder davon zu einem Grummeln im Bauch führt. Oft handelt sich bei Konflikten zwischen Personen „nur" um Missverständnisse oder um Probleme in der Kommunikation. Dann hilft es (leider nicht immer!) miteinander zu reden. In der Kommunikation lassen sich Wahrnehmungen und unausgesprochene Erwartungen ansprechen und mögliche Missverständnisse aufdecken. Oft erscheint uns auf den ersten Blick als Konflikt, was eigentlich etwas ganz anderes ist: eine Kränkung, Enttäuschung usw. Wer das ethische Unbehagen verstehen möchte, muss es von diesen anderen Erscheinungen abgrenzen lernen. Das ist alles andere als einfach. Wer gibt schon gerne zu, gekränkt worden zu sein? Oft ist es leichter, das Problem anderswo zu suchen als im eigenen Stolz oder der Vorstellung, die man sich von sich selbst gemacht hat. Kränkung und Konflikt sind einander manchmal näher, als es einem lieb ist.

Interpersoneller Konflikt

Wenn wir genauer fragen, was einen Konflikt ausmacht, wird es noch schwieriger. Ein Konflikt scheint immer eine Art von Zusammenstoß, ein Aufeinanderprallen zu sein. Das kann zum Beispiel bei einer kniffligen Entscheidung der Fall sein. Zwei Möglichkeiten prallen aufeinander. Soll das gesparte Geld in einen Urlaub oder in ein neues Auto investiert werden?

Es kann hilfreich sein, verschiedene Gruppen von Konflikten zu unterscheiden. Als erste Einteilung der Konflikte bietet sich an, sie nach dem Ort zu unterscheiden, an dem sie stattfinden. So ist eine Form des Konflikts der Konflikt zwischen Personen. Es lässt sich auch von einem *interpersonellen* (vom lateinischen Wort für „zwischen") Konflikt sprechen. Ein Beispiel: Stellen wir uns zwei Freunde vor, die sich lange nicht gesehen haben. Beide sind große Kinoliebhaber und haben, als sie noch in der gleichen Stadt wohnten, viel gemeinsame Zeit im Kino verbracht. Nun wird einer von beiden für einige Stunden in die Stadt kommen und sie überlegen, was sie mit den wenigen Stunden anfangen sollen. Für den einen ist klar, dass sie, um an ihre alte Freundschaft anzuknüpfen, unbedingt ins Kino gehen sollten. Aber der andere zögert: Sie haben sich lange nicht gesehen; wäre es da nicht besser, sich zusammenzusetzen und darüber auszutauschen, was in der Zwischenzeit alles passiert ist? Sie geraten darüber in Streit.

Nun ließe sich natürlich viel über die eigentlichen Gründe des Streits und den Charakter ihrer Freundschaft spekulieren. Darum geht es aber gar nicht. Wichtiger ist an dieser Stelle folgendes: Der Konflikt zwischen – verkürzt gesagt – gemeinsamem Kinobesuch und Gespräch hat unserem Sinn für Ungerechtigkeit erst einmal nichts zu tun. Obwohl es sich um einen Konflikt handelt, kommt es in diesem Beispiel zu keinem Grummeln im Bauch, wie wir es zu Beginn kennengelernt haben. Es reicht nicht aus, dass ein Konflikt interpersonell stattfindet, um unseren Sinn für Ungerechtigkeiten herauszufordern. Etwas anderes muss noch hinzukommen.

Institutioneller Konflikt

Dem *interpersonellen* Konflikt verwandt, aber doch ganz anders, ist der institutionelle Konflikt. Wenn der interpersonelle Konflikt ein Konflikt zwischen zwei Personen war, so handelt es sich nun um einen Konflikt zwischen Person und Institution (siehe Kasten). Es gibt Institutionen mit eher informellem Charakter. Ein Beispiel dafür wäre die Familie. Aber auch ein Krankenhaus oder eine Justizvollzugsanstalt sind Institutionen, die das Leben von Angestellten oder Inhaftierten strukturieren und kontrollieren können. Beim institutionellen Konflikt gerät der Einzelne in einen Konflikt mit den Regeln, Zielen oder Vorgehensweisen der Institution. Das kann absichtlich oder unabsichtlich geschehen, manchmal lässt es sich aber auch gar nicht vermeiden.

Institution

Eine der Wissenschaften, die sich mit Institutionen beschäftigen, ist die Soziologie. Dabei kann überraschen, was die Soziologie alles unter Institution versteht: Institution in einem weiten Sinn umfasst von großen Organisationen wie einer Justizvollzugsanstalt bis hin zur wöchentlichen Doppelkopfrunde beinahe alles. Aber was ist die Gemeinsamkeit? Beim Begriff der Institution geht es vor allem darum, dass Handlungsmuster automatisiert ablaufen. Und es stimmt: In einer Organisation wie der JVA ist eindeutig, wer für was zuständig ist, wer den Besuchereingang kontrolliert oder wer sich um die Post kümmert – und wie das getan wird. Genauso wird es bei der wöchentlichen Doppelkopfrunde vielleicht eine feste Sitzordnung geben, feste Themen, über die gesprochen wird usw. Institutionen sind also „Sedimentierungen dynamischer sozialer Prozesse, sie sind Handlungsmuster, die sich verfestigt haben" (Becka 2016, 139).

Institutionen entlasten uns davon, über jeden Handlungsschritt jedes Mal wieder neu nachzudenken. Das ist etwas Positives und eine der Grundlagen des Zusammenlebens. Gleichzeitig kann genau diese Automatisierung problematisch werden. Sie kann zur Falle werden: wenn es ohne Nachdenken (automatisch eben) wiederholt wird, wenn der eigentliche Zweck einer Handlung in den Hintergrund gerät oder wenn die Einzelne in der Routine den übergeordneten Blick verliert – oder ihren Sinn für Ungerechtigkeiten.

Die Veränderung von Institutionen folgt daher eigenen Regeln. Sie sind nicht leicht zu verändern – schon gar nicht durch das Handeln Einzelner.

Der institutionelle Konflikt soll an einem Beispiel aus dem Krankenhaus anschaulich gemacht werden: Eine junge Krankenpflegerin erhält nach Abschluss der Ausbildung eine Stelle auf der chirurgischen Station eines größeren Krankenhauses. Sie freut sich darauf umzusetzen, was sie in der Ausbildung gelernt hat. Neben den technischen Fertigkeiten ist das auch eine bestimmte Art, den kranken Menschen durch Pflege zu begegnen. Außerdem hat sie ein eigenes Ziel: In so ein großes, anonymes Krankenhaus, in dem der Einzelne oft nur noch eine Zimmernummer ist, will sie „ein bisschen Menschlichkeit" tragen, wie sie sagt. Schnell merkt sie allerdings, dass das gar nicht so einfach ist. Die Arbeit ist exakt durchgetaktet, für tiefere Begegnungen fehlt die Zeit; und je länger sie bei der einen Patientin bleibt, desto weniger bleibt ihr Zeit für den nächsten. Dazu kommen nach einigen Monaten Müdigkeit und Überarbeitung durch den Schichtdienst. Die junge Krankenpflegerin merkt, dass sie sich von ihrem eigentlichen Ziel weit entfernt hat. Im Gespräch mit den Vorgesetzten äußern diese immer wieder Verständnis für ihre Situation; das Klinikum müsse aber wirtschaftlich bleiben und sei deshalb gezwungen, die bestehenden Arbeitsstrukturen aufrechtzuerhalten. Unter den gegebenen Umständen sieht die junge Krankenpflegerin kaum noch einen Weg, ihr Ziel zu erreichen.

Der Konflikt zwischen den Anliegen der Angestellten und der Wirtschaftlichkeit des Unternehmens oder der Institution ist ein typischer Konflikt, wie er im Rahmen von Institutionen immer wieder auftritt.

Persönlicher Konflikt

Aber in dem vorliegenden Beispiel bahnt sich, über den institutionellen Konflikt hinaus, auch schon eine dritte Form des Konflikts an: der *persönliche* Konflikt, wenn wir mit uns selbst aufeinanderprallen, uns uneinig sind usw. Gerade beim persönlichen Konflikt ist es besonders wichtig, ihn nicht mit Kränkungen oder negativen Emotionen zu verwechseln. In der

Alltagssprache kennen wir die Formulierung, jemand ist „mit sich selbst nicht im Reinen". Es ist eine Möglichkeit, sonderbares oder unverständliches Verhalten erklärbar zu machen. Es bedeutet aber nicht automatisch, dass auch wirklich ein Konflikt vorliegt.

Bisher ging es darum, dass eine Person mit etwas in Konflikt gerät. Der Ort des Konflikts war dabei einmal *zwischen* den Personen, ein anderes Mal *zwischen* Person und Institution zu finden. Das soll aber nicht den Blick darauf verstellen, dass ein beträchtlicher Teil *jedes* Konfliktes innerhalb einer Person stattfindet. Ziehen wir dazu noch einmal das Beispiel der jungen Krankenpflegerin heran. In ihm versteckt sich ein weiterer (Teil-)Konflikt: In der Krankenpflegerin prallen zwei Wünsche aufeinander. Sie möchte ihre Arbeit so gut wie möglich machen. Dafür benötigt sie Zeit für jeden einzelnen Patienten. Die gute Pflege eines Patienten bedeutet aber gleichzeitig, dass für die nächste Patientin weniger Zeit bleibt. Die gute Pflege des einen hat eine Ungleichbehandlung und Benachteiligung der anderen zur Folge und zwei Vorstellungen davon, wie richtig zu handeln wäre, sind in Konflikt geraten.

Institutionen können persönliche Konflikte verstärken

Was hier vorliegt, ist eine Form des persönlichen Konflikts, der durch die Institution noch verstärkt wird. Persönlicher und institutioneller Konflikt sind hier kaum voneinander zu trennen. Das muss nicht immer so sein. Oft lohnt es sich beim Nachdenken über Konflikte aber, die Rahmenbedingungen im Blick zu behalten. Hinzu kommt, dass so, wie für eine Person verschiedene Werte oder Ziele unvereinbar erscheinen können, dies auch in der Institution der Fall ist: Wenn im Krankenhaus das Ziel der Wirtschaftlichkeit dem Ziel Menschen gesund zu machen widerspricht – oder eben im Gefängnis das Vollzugsziel der Resozialisierung mit dem Ziel der Sicherheit in Konflikt gerät. Auch diese Konfliktlinie ist im Blick zu behalten.

Ziele und Mittel des Handelns

Bisher wurden die Konflikte danach unterschieden, wer beteiligt war. Selbstverständlich lassen sich die drei Formen des Konflikts in der Realität nie so genau auseinanderhalten. In der Realität begegnen einem fast ausschließlich Mischformen. Trotzdem hat sich die bisherige Einteilung nicht als zufriedenstellend erwiesen. Es reicht nicht aus, dass ein Konflikt zum Beispiel zwischen zwei Personen oder zwischen Person und Institution stattfindet, um von unserem Sinn für Ungerechtigkeiten wahrgenommen zu werden. Der Konflikt muss noch etwas anderes aufweisen, um ein Grummeln im Bauch zu erzeugen.

Konflikte lassen sich auch noch anders einteilen, wenn man genauer danach fragt, was denn da eigentlich aufeinanderprallt. Im Beispiel für den interpersonellen Konflikt sind uns zwei alte Freunde begegnet, die nicht so genau wissen, wie sie ihr kurzes Wiedersehen nach langer Zeit am besten gestalten sollten. Was das *Ziel* betrifft, sind sie sich aber einig: Es geht ihnen darum, Zeit miteinander zu verbringen. Denkt man ein wenig größer, dann kann man auch sagen, dass es ihnen um ihre Freundschaft geht. Worin sie sich unterscheiden, ist die Antwort auf die Frage, *wie* dieses gemeinsame Ziel am besten zu erreichen wäre. Für den einen ist es das Anknüpfen an die alte Gewohnheit des gemeinsamen Kinobesuchs, für den anderen ein ausführliches Gespräch. Aufgrund der begrenzten Zeit des Aufenthalts widersprechen sich die beiden Optionen. Der interpersonelle Konflikt in diesem Beispiel ist – wie wir gesehen haben – kein Konflikt der Ziele, sondern der *Mittel* oder *Wege*, mit denen dieses Ziel erreicht werden soll.

Wer handelt, hat ein Ziel. Um dieses zu erreichen, bedient er sich verschiedener Mittel. Das können zum Beispiel Werkzeuge sein. Wer einen Tisch bauen möchte, wird sich eines

Akkuschraubers, Holz und einiger anderer Hilfsmittel bedienen. Aber wie in unserem Beispiel geht es auch abstrakter: Ein Augenzwinkern kann ein Mittel der Kommunikation sein, genauso wie die Abwertung einer Währung ein Mittel nationaler Finanzpolitik darstellen kann. Konflikte, bei denen das Ziel vorgegeben ist und zwei Mittel sich widersprechen, heißen auch *pragmatische* Konflikte.

Konflikte von Zielen

Genauso können aber auch Ziele miteinander in Konflikt geraten. Auch das ist uns bereits begegnet: Das Ziel der jungen Krankenpflegerin war es, die zum Teil schwer erkrankten Patienten Menschlichkeit in der Pflege erfahren zu lassen. Dieses Ziel gerät in einen Konflikt mit dem Ziel der Wirtschaftlichkeit, wie es die Geschäftsführung des Klinikums formuliert. (Inwiefern sich dieser Konflikt vielleicht auch auflösen ließe, wird uns später noch beschäftigen. Das Verstehen und Auflösen solcher Konflikte kann nämlich zu den Aufgaben eines Ethikkomitees gehören.)

Wir können jetzt besser erklären und definieren, was ein Konflikt allgemein betrachtet ist: Von einem Konflikt lässt sich dann sprechen, wenn in einer konkreten Situation verschiedene Ziele oder Mittel nicht miteinander vereinbar sind (aufeinanderprallen), obwohl auf den ersten Blick für beide Seiten gute Gründe angeführt werden können. Mit dieser allgemeinen Definition können wir nun besser verstehen, was die Konflikte ausmacht, die das Grummeln im Bauch, das moralische Unbehagen, hervorrufen.

Der moralische Konflikt

In den letzten beiden Abschnitten wurde der Blick für die verschiedenen Arten von Konflikten geschärft und ein allgemeines Verständnis entwickelt. Wir haben gesehen: Wenn in einer konkreten Situation verschiedene Ziele oder Mittel aufeinanderprallen, obwohl auf den ersten Blick für beide Seiten gute Gründe angeführt werden können, kann allgemein von einem Konflikt gesprochen werden. Der spezielle Konflikt, um den es nun gehen soll, ist der moralische Konflikt. Manchmal findet sich auch die Formulierung ethischer Konflikt. In dieser Handreichung werden beide Formulierungen mit der gleichen Bedeutung verwendet.

Was macht einen Konflikt moralisch oder ethisch? Die Antwort ist zunächst einfach: Ein Konflikt ist moralisch, wenn die aufeinanderprallenden Mittel oder Ziele selbst moralisch bedeutsam sind. Das verschiebt unsere Frage aber nur, denn welche Mittel und Ziele werden als moralisch bezeichnet? Dieser Frage wollen wir uns zunächst widmen.

Die Frage nach dem richtigen Handeln

Voraussetzung, ein Ziel oder ein Mittel als moralisch zu bezeichnen, ist zum einen, dass es sich auf das Handeln bezieht. Das war bei den oben angeführten Beispielen ohnehin der Fall. Ob es um die Abendgestaltung der beiden Freunde ging oder um das professionelle Tun der Krankenpflegerin – das richtige *Handeln* stand im Mittelpunkt.

Die Arbeitsweise einer Krankenpflegerin, die die Patienten unmenschlich behandelt, empfinden wir als *falsch*. *Richtiges* professionelles Handeln in der Pflege beinhaltet dagegen eine Haltung der Menschlichkeit. Gleichzeitig besteht natürlich eine Verpflichtung gegenüber dem Krankenhaus als Arbeitgeber – eine Verpflichtung, die sich nicht nur auf einer rechtlichen Ebene abbilden lässt. Der Konflikt der Krankenpflegerin steht also in Zusammenhang mit dem *richtigen* Handeln. (Wenn in diesem Zusammenhang von Verpflichtung, Verbot oder Erlaubnis die Rede ist, bezieht sich das auf moralische Verpflichtungen oder Gebote. Diese müssen nicht immer mit den rechtlichen Verboten, wie sie zum Beispiel im Gesetz festgehalten sind, übereinstimmen. Ein Beispiel wäre etwas, das getan werden *soll*, ohne dass das Gesetz einen dazu verpflichtet. So sollen wir einander nicht anlügen, auch wenn es kein Gesetz gibt, das das verbietet. Anders als bei einem Gesetz kann die Einhaltung moralischer Gebote zudem nicht mit der Androhung von Sanktionen eingefordert werden.)

Mehr als nur subjektiv

Das erste Kriterium, das erfüllt sein muss, um etwas als moralisch bedeutsam zu bezeichnen, ist also dieser spezielle Bezug auf das *richtige* Handeln. Hinzu kommt eine weitere Bedingung: *Moralisch* bedeutet immer auch, dass diese Verpflichtungen uns alle angehen. Sie übersteigen die momentane Situation, weisen über sie hinaus auf etwas Größeres, Allgemeines. So wird deutlich, dass es sich eben nicht um rein persönliche Vorlieben oder Wünsche handelt. Moralische Aussagen können auch nicht einfach mit dem Vorwand, man könne da ja anderer Meinung sein, bei Seite gewischt werden. Denn obwohl sie in einer konkreten Situation gemacht werden, haben sie immer auch Bedeutung darüber hinaus und verweisen auf etwas Allgemeineres als es die einzelne Situation ist. (Die akademische Ethik unterscheidet nach Graden der Verbindlichkeit verschiedene Ethiktypen. Das können wir hier jedoch getrost vernachlässigen.) Aus dem eben Gesagten folgt, dass *jede* Krankenpflegerin ein Interesse an einer menschlichen und guten Pflege haben sollte. Ansonsten arbeitet sie im falschen Beruf. Und gleichzeitig wird man zustimmen, dass *jeder* Pfleger sich in gewisser Weise in die Organisation, für die er arbeitet, zu integrieren und deren Regeln zu folgen hat. Es ist nämlich nur schwer vorstellbar, dass – zum Beispiel auf einer Intensivstation – jeder tut, wann und was er gerade will. Auch das stünde einer guten Pflege langfristig entgegen und kann nicht wirklich verlangt werden. Der Konflikt entsteht nun also daraus, dass zwei Verpflichtungen aufeinanderprallen, die allgemein bedeutsam erscheinen und für die jeweils gute Gründe angeführt werden.

Um den moralischen Konflikt endgültig zu bestimmen, steht noch ein drittes Kriterium aus. Der moralische Konflikt – so die Annahme – bezieht sich immer auf *moralische Güter*. Darunter werden vor allem zwei Dinge verstanden: Werte und Normen. Was es mit diesen moralischen Gütern auf sich hat, wird im folgenden Abschnitt erklärt.

Moralische Güter: Werte und Normen

Norm und Wert sind zwei der zentralen Begriffe in der Arbeit von Ethikkomitees. Wie schon der Konflikt sind auch sie Begriffe, die je nach ihrer Verwendung unterschiedliche Bedeutungen haben. So kennen wir zum Beispiel juristische Normen, gesellschaftliche Normen, DIN- oder andere technische Normen – oder eben moralische Normen, um die es hier geht. Allgemein gesprochen sind Normen Vorschriften, Regeln für bestimmte Situationen. Gemeinsam ist ihnen, dass ihr Nicht-Beachten Folgen hat: Im Falle der juristischen Norm (dem Gesetz) sind das straf- oder zivilrechtliche Konsequenzen. Der Verstoß gegen gesellschaftliche Normen kann dagegen zu Ausgrenzung führen oder wenigstens zu skeptischen Blicken. Auch wenn Kleidungsvorschriften heute weitgehend aufgeweicht sind, würde es doch irritieren, wenn jemand im Pyjama ins Büro oder in Sportkleidung zu einem Empfang ginge.

Moralische Normen

Moralische Normen sind nun die Regeln oder Richtlinien, an denen wir unser Handeln ausrichten *sollten*. Sie sind Ausdruck unserer geteilten Vorstellungen von richtig und falsch, gut und böse. (Normen sind nie nur individuell: Mache ich mir eine Norm zu meinem persönlichen Grundsatz spricht man korrekterweise von einer Maxime. Außerdem kann ich ganz subjektive Grundsätze und Motive für mein Handeln haben – das bezeichnet man dann jedoch nicht als Norm.) Die moralische

Norm beansprucht Gültigkeit – zumindest in einer bestimmten Gruppe, oft aber auch universaler Art, ein Beispiel sind die Menschenrechte. Moralische Normen sind also dadurch definiert, dass sie *allgemein verbindliche* Anweisungen geben. Diese Verbindlichkeit ist nötig, weil Normen das menschliche Miteinander und Zusammenleben regeln, dazu bedürfen sie einer mehr oder weniger allgemeinen Zustimmung: Was ich für mich erwarte oder einfordere, gilt auch für andere und umgekehrt. Weil Normen aber diese Form von Verbindlichkeit beanspruchen, sind sie gut zu begründen. Es genügt nicht zu sagen: „Das ist eine Norm, weil es mir wichtig ist", sondern die Norm, etwa nicht zu lügen, muss begründet werden, damit auch andere die Bedeutung nachvollziehen können.

Wenn Normen aufeinanderprallen

Es gibt eine Unzahl von Beispielen, die von sehr konkreten Vorschriften wie „Du sollst um vier Uhr nachts nicht auf voller Lautstärke Musik hören" bis hin zu abstrakten Regeln wie „Was Du nicht willst, das man dir tu', das füg auch keinem anderen zu" reichen. Mit diesen Normen wachsen wir auf und verinnerlichen sie. Meistens bemerken wir sie deshalb gar nicht. Es erscheint uns selbstverständlich, um vier Uhr morgens – wenn überhaupt – leise Musik zu hören. Es gibt allerdings Momente, in denen diese Normen plötzlich sichtbar werden, beispielsweise dann, wenn zwei von ihnen in Konflikt geraten. Was das bedeutet, haben wir schon zur Genüge gesehen: In einer bestimmten Situation prallen zwei Normen aufeinander, die nicht miteinander zu vereinbaren sind. Im persönlichen Konflikt der Krankenpflegerin waren das die Handlungsanweisungen „Du sollst jedem Patienten gute Pflege zukommen lassen" und „Du sollst jeden Patienten gleich behandeln". Vor dem institutionellen Hintergrund des Zeitmangels kam es zum Konflikt zwischen den beiden moralischen Normen. Auch so sind die beiden Normen schon schwer zu vereinbaren. Der Konflikt verschärft sich, wenn die (unausgesprochene) Norm hinzukommt, effizient und kostensparend zu handeln.

Normen können einengen. Gleichzeitig entlasten sie uns davon, ständig darüber nachdenken zu müssen, was denn nun richtig oder falsch ist. Sie helfen uns dabei, gut zusammenzuleben. Dass sie zu uns Menschen dazugehören, hat der Philosoph Hellmuth Plessner einmal so formuliert: *„Menschsein heißt … von Normen geführt und gehemmt, beflügelt und gebremst, gerichtet und zugleich beschränkt zu sein.“* (Plessner 2019, 122)

Werte

Während der Begriff der moralischen Norm durch seinen allgemeinen Charakter abstrakt oder schwer greifbar erscheint, ist uns die Rede von Werten im Alltag vertrauter. Bei genauem Hinsehen zeigt sich aber, dass der Begriff keineswegs klar ist – im Gegenteil!

Es gibt den Wert eines Autos, welcher den momentanen Preis des Autos je nach Zustand des Wagens angibt; und es gibt den ideellen Wert eines alten Familienalbums. Wir sprechen aber auch von „unseren Werten“, von der Werteordnung oder dem Wertewandel – damit sind oft moralische Werte angesprochen. Auch sie stellen Leitvorstellungen für unser Handeln dar, konkreter und fassbarer als Normen, aber auch weniger verbindlich. Denn Werte sind stark subjektiv, sie sind bestimmt durch Situation, Kultur und sozialen Kontext (vgl. Höffe 2008). Gemeinsame Werte sind daher nicht einfach gegeben oder gar selbstverständlich. Wir müssen uns immer wieder über sie verständigen und darum ringen. Für die Praxis ist gar nicht entscheidend genau zu bestimmen, was ein Wert ist. Aber es gibt Situationen, etwa in einem Ethikkomitee, in denen wir nach diesen handlungsleitenden Vorstellungen fragen – auch nach den gemeinsamen. „Worum geht es hier eigentlich?“, „Was steht hier auf dem Spiel?“ sind Fragen, die dabei behilflich sind.

Denn Werte sind nicht fest definiert oder unveränderlich: Werte können unsicher werden. Das ist zum einen im moralischen Konflikt der Fall, wenn sich in einer bestimmten Situation die Forderung nach Gerechtigkeit zum Beispiel nicht mit der Forderung nach „guter Pflege" oder Menschlichkeit vereinbaren lässt. In diesen Fällen muss abgewogen oder eben eine Möglichkeit gefunden werden, beide Werte in der Situation zu realisieren. Zum anderen können sich Werte auch mit der Zeit ändern: Was in den 50er Jahren als gut und richtig galt, dürfte heute in manchen Fällen auf (begründeten!) Widerstand stoßen.

Moral

Endlich können wir auch verstehen, was der Begriff Moral bedeutet: Moral ist eben dieses Set an Überzeugungen, Werten und auch Normen, die Menschen – sei es in einer kleinen Gruppe oder auch universal – für gültig halten: die Vorstellungen vom Richtigen und Gerechten und auch vom Guten. Wenden wir uns nun dem Begriff der Ethik zu.

Zusammenfassung

Die Annäherung an die Grundbegriffe einer Ethik, wie sie uns für die Arbeit in der JVA wichtig erscheint, hatte mit dem ethischen Unbehagen begonnen. Dieses Grummeln im Bauch angesichts einer ganz bestimmten Situation wurde als Hinweis auf einen moralischen Konflikt interpretiert. Im moralischen Konflikt, so wurde dann gezeigt, prallen in einer konkreten Handlungssituation Mittel oder Ziele aufeinander, für die es jeweils gute Gründe gibt. Diese Gründe erscheinen aber unvereinbar.

Es ist die Besonderheit des moralischen Konflikts, dass ihm nicht mit Beliebigkeit begegnet werden kann. Betroffen sind nämlich bestimmte Mittel und Ziele, die moralische Güter genannt wurden: Normen und Werte. Beide orientieren unser Handeln. Während Normen eine höhere Verbindlichkeit haben, können Werte stärker subjektiv sein – über beide ist eine Verständigung nötig. Wie in dem Beispiel zu Beginn stellt das Grummeln im Bauch damit ein Unbehagen von allgemeiner Bedeutung dar. Denn es steht etwas auf dem Spiel, das für unser Handeln über die besondere Situation hinaus bedeutend ist.

Erst denken, dann machen ... und dann darüber nachdenken – Ethik als Reflexion des Handelns

„So ließe sich der Möglichkeitssinn geradezu als die Fähigkeit definieren, alles, was ebensogut sein könnte, zu denken."
(Musil 1978, 16)

Ethik hat mindestens zwei wichtige Voraussetzungen: Das, was ist, könnte auch ganz anders sein! Es ist nicht notwendig oder unausweichlich so, wie es ist, auch wenn es manchmal so aussehen kann. Damit ist nicht gesagt, dass Veränderung leicht ist – aber grundsätzlich ist etwas anderes möglich. Ethik setzt außerdem voraus, dass sich solche Veränderungen durch das *Handeln* von Menschen herbeiführen lassen. Auch hier ist freilich wieder einzuschränken, dass einer allein nur schwer Strukturen – wie zum Beispiel Organisationen, Staaten oder eben auch eine Justizvollzugsanstalt – verändern kann. Aber wichtig ist: Menschen handeln, und durch ihr Handeln wollen sie etwas erreichen. Ich habe für mein Handeln also Gründe: Ich beeile mich, *weil* ich einen Zug bekommen muss. Ich kaufe ein, *damit* die Familie mit Lebensmitteln versorgt ist. Ich mache eine Ausbildung, *um* meine Arbeit gut erledigen zu können und damit Geld zu verdienen. Immer gibt es irgendwelche Gründe.

Ethik als Reflexion der Moral

Ethik fragt nun danach, was *richtiges* Handeln ausmacht. Dabei geht es aber nicht vorrangig um das, was wichtig und richtig ist, um einen bestimmten Zweck zu erreichen – wie etwa zu rennen, um den Zug zu erreichen. Wir nennen das zweckrationales Handeln – wenn wir gute Arbeit leisten wollen, muss unser Handeln auch zweckrational sein. Wir müssen, wie wir oben gesehen haben, die richtigen Mittel wählen, um ein Ziel, einen Zweck, zu erreichen. Der Ethik aber geht es vorrangig um moralisch richtiges Handeln. Was aber heißt das? Moral wurde eingeführt als ein Set an Überzeugungen, Werten und auch Normen, die Menschen für gültig halten: Die Vorstellungen vom Richtigen und Gerechten und auch vom Guten. Diese Vorstellungen leiten unser Handeln und geben Orientierung – mal mehr, mal weniger. Wir können uns für ein moralisches Handeln entscheiden oder auch dagegen – bewusst oder unbewusst. Ethik reflektiert dieses (moralische) Handeln, sie fragt nach richtig und falsch. Man kann auch sagen: Ethik ist die Reflexion(stheorie) der Moral.

Das heißt aber: Ethik weiß nicht immer schon vorher, was richtig oder falsch ist; sie zwingt vielmehr zum Nachdenken. Ethik ist also nicht das „Rezeptbuch“ mit immer hilfreichen Lösungen im Sinne von Normen oder Regeln, die nur noch angewandt werden müssten!

Die ethische Reflexion kann zunächst verunsichern, weil das, was man bisher für richtig gehalten hat, in Frage gestellt wird. „Das haben wir schon immer so gemacht“ ist allein keine ethische Begründung für eine bestimmte Praxis. Wenn man aber aufzeigen möchte, warum sich die Praxis bewährt hat – oder eben nicht –, beginnt man, gute Gründe zu nennen. Darin liegt die ethische Reflexion. So kann sich eine Praxis als richtig oder falsch erweisen. Ihr Fortbestehen wird so legitimiert oder die Notwendigkeit einer Veränderung ersichtlich.

Aus der anfänglichen Verunsicherung erwächst durch die Reflexion neue Handlungssicherheit.

Hier zeigt sich nun, dass wir – obwohl wir die Adjektive *ethisch* und *moralisch* synonym verwendet haben – Moral und Ethik unterscheiden. Während Moral sich auf jene geteilten Vorstellungen vom Richtigen bezieht, Normen und Werte nämlich, meint Ethik das Nachdenken darüber, sowie das Abwägen und Begründen, ob und was richtig ist.

Moral	→ wird fraglich	→ Ethik	→ revidierte Moral
Verleiht Handlungssicherheit		evtl. zunächst verunsichernd	Handlungssicherheit

Ethik gibt gute Gründe für richtiges Handeln

Jeder hat also Gründe für sein Handeln, wir denken aber nicht immer darüber nach. Wenn wir aber darüber nachdenken und diese Gründe benennen, beginnt Ethik. Dabei geht es um mehr als reine Geschmacksfragen oder persönliche Präferenzen. Indem in der Reflexion gute Gründe für eine Position gegeben werden oder Rechenschaft für eigenes Handeln abgelegt wird, gehen wir über subjektive Befindlichkeiten hinaus und beanspruchen eine gewisse Geltung und Verbindlichkeit.

Räume ethischer Reflexion

Das findet in ganz unterschiedlichen Situationen statt. Das kann sein, wenn ich mir für mich allein die Frage stelle, ob das, was ich mache, eigentlich richtig ist – oder das kann mit anderen sein. Da gibt es einerseits informelle Settings, wenn Kollegen in der Kaffeepause etwa über ihre Zweifel am Umgang mit einem bestimmten Inhaftierten sprechen. Und es gibt institutionalisierte Anlässe, in denen das Thema zur Sprache kommen kann, etwa im Rahmen einer Vollzugsplankonferenz, die ja auch nach dem richtigen Umgang mit einem Inhaftierten fragt – hier freilich unter bestimmten Gesichtspunkten und unter einem gewissen Handlungsdruck. Darüber hinaus gibt es noch die „professionelle Ethik" – als akademische Disziplin.

Ihre Aufgabe ist es, die Begründungsarbeit zu leisten oder zu verstärken, Theorien zu erarbeiten – aber auch die Erfahrungen und Erkenntnisse der Praxis zu systematisieren und deren ethische Reflexionsprozesse zu begleiten. Und natürlich ist da noch das Ethikkomitee, bei dem die ethische Reflexion im Zentrum steht und dem wir uns im folgenden Abschnitt zuwenden wollen.

Ein Rädchen im Getriebe der Institution?

„Es gibt kein richtiges Leben im falschen."
(Adorno 1997, 43)

Man könnte diesen Satz von Adorno so verstehen, dass innerhalb einer Institution, die mit vielen Schwächen und Mängeln behaftet ist und ihrem eigenen Ziel oft nicht gerecht wird, richtiges Handeln gar nicht möglich ist. Dann wäre es egal, was wir tun, denn richtig machen können wir es ohnehin nicht. Diese Erfahrung ist vielen, die im Justizvollzug arbeiten, nicht fremd. Aber es wäre eine verkürzte Lesart des berühmten Adorno-Zitats – und eine Ausrede! Ja, Adorno arbeitet sich an dem Problem ab, dass alles Bemühen von Einzelnen auf Grenzen stößt, wenn eine Gesellschaft als Ganze (um die geht es ihm) moralisch falsch ist, aber er gibt das Ringen um das Richtige und die Verantwortung der Einzelnen nicht auf.

Beziehen wir diesen Satz auf Institutionen wie den Justizvollzug, so können wir einerseits betonen, dass es auch hier sehr wohl auf das Handeln der Einzelnen ankommt. Gleichzeitig ist da diese Erfahrung der Ohnmacht, weil man ja doch nur ein Rädchen im Getriebe ist, oder auch der Verlassenheit, weil man sich mit seinem Unbehagen allein wägt. Wie lässt sich eine solche Institution gestalten?

Institutionen können das Handeln erleichtern

Institutionen dienen der Handlungsstabilisierung, weil das Verhalten in bestimmte Bahnen gelenkt ist. Das gilt für Institutionen im allgemeinen Sinn, also zur Gewohnheit gewordene Handlungsabläufe wie z. B. ein Gruß. Das gilt auch für Institutionen im engeren Sinn: räumlich verstandene Einrichtungen (Organisationen), die gesellschaftliche Prozesse regeln, wie Behörden, Schulen oder eine JVA. Auch sie steuern menschliches Handeln, und sie tun dies mit einem bestimmten Ziel: in der Schule die Bildung, im Krankenhaus Gesundheit, in der JVA die Resozialisierung oder eben auch die Sicherheit.

Organisationen sind komplex und sie sind arbeitsteilig strukturiert; verschiedene Aufgabe und Prozesse werden von vielen Beteiligten jeweils anteilig ausgeführt. Die Zuschreibung von Verantwortung ist daher komplex. Es lässt sich nicht leicht ausmachen, wer wofür verantwortlich ist. Und es lässt sich auch nicht an einer klar erkennbaren Stellschraube drehen, um eine Organisation zu verändern, denn die arbeitsteiligen Prozesse greifen vielschichtig ineinander.

Veränderung in Institutionen braucht langen Atem

Erschwerend kommt hinzu, dass die Kehrseite der Handlungsstabilisierung eine gewisse Trägheit ist. Wäre eine Institution heute so und morgen ganz anders, wäre sie unberechenbar und würde keine Entlastung darstellen. Diese Trägheit erschwert aber zugleich Veränderungen, die nötig sein können – etwa zur Anpassung an veränderte Gegebenheiten. Veränderung braucht einen langen Atem und muss in Kenntnis der Institutionslogik an verschiedenen Stellen erfolgen. Das gilt auch für die JVA.

Das Gefängnis ist die Institution, durch die die Freiheitsstrafe vollzogen wird. Die JVA ist daher eine ganz besondere Institution – Erving Goffman bezeichnete sie 1961 als „totale Institution" (Goffman 1973, 23). Dieser Begriff ist nicht vollständig auf heutige Justizvollzugsanstalten übertragbar. Dennoch benennt er treffend Aspekte, die die JVA kennzeichnen und von anderen Institutionen abheben. Die JVA ist in vielerlei Hinsicht ein Sonderfall. Besonders hervorgehoben werden soll an dieser Stelle lediglich die räumliche Abgeschlossenheit, durch die alle Lebensvollzüge der Inhaftierten für eine – oft lange – Zeit auf einen Ort reduziert sind. Zudem können sie über ihre Zeit nicht frei verfügen, sondern es verfügen andere über ihren Tagesablauf. Unter diesen Umständen entstehen besondere Formen des Verhaltens, auf Seiten der Inhaftierten und der Bediensteten, und besondere Beziehungen, gekennzeichnet oft durch Abhängigkeiten, oder auch „Kollaboration" (Fabricius 2015, 62) und besondere Verletzbarkeit. Starke Machtasymmetrien prägen diese Institution mehr als andere. Sie sind in der Reflexion zu berücksichtigen.

Was dient der Resozialisierung?

Das alles scheint die These zu stützen, dass Einzelne nur Rädchen im Getriebe sind und eine Institution nicht verändern können. Tatsächlich ist die Sache komplex. Aber ein erster wichtiger Erkenntnisgewinn liegt in der angemessenen Beschreibung: Wie funktioniert die Institution? Was macht sie aus? Ein wichtiger Schritt besteht zudem in der Unterscheidung, was sich verändern lässt und was nicht. Zudem ist zu identifizieren, wo genau etwas nicht stimmt.

Ein Ethikkomitee, um das es nachfolgend geht, hat nicht den Auftrag, das gesamte System zu verändern, daran müsste es scheitern. Juristische Rahmenbedingungen und administrative Vorgaben, die die Einrichtung organisieren, sind von konkreten Praktiken zu unterscheiden, die in der Fallreflexion reflektiert werden. Eine wichtige Leitfrage kann dabei sein, ob die Institution ihrem eigentlichen Ziel noch gerecht wird: Ermöglicht sie Resozialisierung durch eine bestimmte Praxis – oder nicht?

Das Ethikkomitee ist auch deshalb nötig, weil es in der JVA kaum Gelegenheiten und Räume gibt, um ethische Fragen, die Einzelne umtreiben, zu besprechen. Es eröffnet einen

Raum, um dem Grummeln nachzugehen und es gemeinsam für *wahr* zu nehmen. Dadurch kann die zunächst unbestimmte Intuition konkretisiert und in Worte gefasst werden. Das Ethikkomitee bietet somit besondere Möglichkeiten: weil nicht mehr der oder die Einzelne der übermächtig erscheinenden Institution gegenüber steht, sondern in der Gruppe gemeinsame Probleme ebenso wie unterschiedliche Wahrnehmungen zur Sprache kommen.

Weiterführende Literatur:

Bleisch, Barbara/Huppenbauer, Markus, Ethische Entscheidungsfindung. Ein Handbuch für die Praxis, 2. Auflage, Zürich 2014.

Heinemann, Wolfgang/Maio, Giovanni (Hg.), Ethik in Strukturen bringen, Freiburg 2010.

Höffe, Otfried, Ethik. Eine Einführung, München 2013.

Höffe, Otfried, Lexikon der Ethik, 7. neu bearbeitete und erweiterte Auflage, München 2008.

Maio, Mittelpunkt Mensch: Ethik in der Medizin. Ein Lehrbuch, Stuttgart 2011.

TEIL II

Ethikkomitee und ethische Fallreflexion

Das Ethikkomitee – Geschichte und Gegenwart

Ethikkomitees in Justizvollzugsanstalten sind recht neu. Das erste wurde 2011 in der JVA Bielefeld-Brackwede gegründet, es war ein Pilotprojekt. Die Idee der Ethikkomitees kommt aus dem Krankenhaus. Auch wenn beide Einrichtungen nicht gut vergleichbar sind, ist der Einblick in die Erfahrungen aus klinischen Ethikkomitees hilfreich.

Ethikkomitees und Ethikkommissionen

Ethikkomitees sind zu unterscheiden von Ethikkommissionen, die die Angemessenheit von Forschungsvorhaben prüfen. In diesen Kommissionen werden verbindliche Entscheidungen etwa über die medizinische Forschung am Menschen getroffen. Ihre Arbeit ist etabliert und unterliegt festgelegten Normen. Ethikkomitees können dagegen weder verbindliche Entscheidungen treffen (sie haben lediglich beratenden Charakter) noch ist ihre Arbeit normiert. Gestalt und Arbeitsmethoden sind vielfältig. Die Begriffe Ethikkomitee und Ethikkommission sollten daher unterschieden werden.

Ethikkomitees sind Ausdruck der Professionalisierung der Beschäftigung mit ethischen Fragen in den Kliniken. Bei aller Verschiedenheit ist ihnen gemeinsam, dass sie v. a. der Reflexion von Problemen dienen, die in der Behandlung von Patienten auftreten. Die Arbeit ist also weitgehend fallbezogen, hinzu kommen weitere Aufgaben, wie die Erarbeitung von Leitlinien und grundsätzlich die Schulung der moralischen Urteilskraft, die Sensibilisierung des Personals für medizinethische und organisationsethische Fragen.

Die Anfänge von Ethikkomitees

Was die klinischen Ethikkomitees betrifft, lässt sich seit den 1970er Jahren von einer Phase der Etablierung sprechen, zunächst in den USA. In Deutschland begannen erste Gruppen in den 1980er Jahren mit der Ethikberatung. Es handelte sich dabei weniger um eine Institutionalisierung, die von akademisch-wissenschaftlicher Seite vorangetrieben wurde, sondern sie begann dezentral in einzelnen Krankenhäusern. Heute sind Ethikkomitees in den meisten Kliniken ein fester Bestandteil, ihr Vorhandensein dient oft als Qualitätsausweis.

Die ursprünglichen Aufgaben haben sich durch die fortschreitende Institutionalisierung in den klinischen Ethikkomitees ausdifferenziert. Während das Ethikkomitee heute teilweise übergeordnete Aufgaben hat, wie die Erstellung von Leitbildern o. ä., findet die Fallreflexion in kleineren Gremien statt, oft unter dem Begriff der ethischen Beratung, die unterschiedlich organisiert sein kann. Ob und wie eine Ausdifferenzierung von Ethikkomitees in Justizvollzugsanstalten ebenfalls sinnvoll sein kann, hängt von den Bedürfnissen und den Gegebenheiten vor Ort ab. Das große Potential dieses Instruments ist über die letzten Jahre aber klar ersichtlich geworden.

Aufgaben und Ziele von Ethikkomitees

In Kliniken dienen Ethikkomitees v. a. dazu, Entscheidungsträger in schwierigen Entscheidungssituationen zu unterstützen. Die ethische Fallbesprechung oder Beratung richtet sich auf die Zukunft, man nennt das auch prospektiv. Im Justizvollzug sind gewöhnlich zurückliegende Situationen Gegenstand der Fallreflexion (ähnlich wie in Ethikkomitees in der Altenpflege). Dennoch ist die Arbeit des Ethikkomitees nicht einfach rückwärtsgewandt, denn die Reflexion hat präventiven Charakter:

Das Verstehen einer Situation in der Vergangenheit ermöglicht Veränderung in der Zukunft. Die an einem konkreten Fall in der Vergangenheit gesammelte – und reflektierte – Erfahrung ermöglicht ein besseres Handeln in ähnlichen Situationen in der Zukunft.

Geschützte Räume ethischer Reflexion

Ethikkomitees eröffnen im Alltag des Justizvollzugs einen geschützten Raum der ethischen Reflexion, der die übliche Handlungsroutine unterbricht. Situationen, die aus meist nicht unmittelbar benennbaren Gründen als unstimmig erscheinen, erhalten im Ethikkomitee Zeit und Ort, um von einer Gruppe, die sich aus möglichst vielen Berufsgruppen zusammensetzt, ohne akuten Handlungsdruck reflektiert zu werden. Es ermöglicht, vorhandene Konflikte als moralische zu verstehen und das Handeln im Vollzug umfassender zu begreifen.

Wie anfangs ausgeführt, reagieren wir mit einem Unbehagen oder Grummeln auf Situationen, in denen etwas nicht stimmt – etwas widerspricht unserer moralischen Intuition. Ein Mensch wird nicht angemessen behandelt, erhält nicht, was ihm zusteht – etwas ist nicht, wie es sein sollte. Bei genauem Hinsehen stellen wir fest, dass moralische Güter auf dem Spiel stehen: Die Selbstbestimmung eines Menschen, Gerechtigkeit in der Verteilung – etwa von Diensten – oder anderes. Welche Werte oder Regeln stehen auf dem Spiel? Was genau löst das Grummeln aus? Die Beschäftigung mit diesen Fragen deckt den ethischen Konflikt auf. Ihnen soll im Ethikkomitee nachgegangen werden. Der Bezug zu den normativen Kriterien (siehe unten) wird dazu hilfreich sein. Den Diskussionsprozess strukturiert der nachfolgende Leitfaden.

Die Grundannahme des Ethikkomitees ist, dass durch das Aufdecken und Diskutieren von ethischen Konflikten diese gelöst werden können und dadurch die Institution Justizvollzug besser ihrem eigentlichen Ziel, der Resozialisierung und letztlich auch einer – nachhaltigen – Sicherheit, gerecht werden kann. Die Auseinandersetzung mit und Sicherstellung von ethischen Standards in Zielen und Leitlinien der Anstalt ist ebenso Aufgabe des Ethikkomitees wie die Sensibilisierung der Mitarbeitenden und Gefangenen für ethische Fragen. Auf dieser Grundlage lässt sich ein Ziel von Ethikkomitees formulieren (vgl. American Society for Bioethics and Humanities 2010; für die Übertragung auf den Justizvollzug vgl. Becka 2016):

Identifizieren, analysieren, lösen

Ein Ethikkomitee im Justizvollzug trägt durch die Identifizierung, Analyse und Lösung ethischer Fragestellungen zu einer Realisierung des Vollzugsziels bei. Das kann es erreichen, indem es

- moralische Unsicherheiten und Konflikte in bestimmten Situationen (die zu der Anfrage an das Ethikkomitee geführt haben) identifiziert und analysiert;
- eine Lösung des Problems erleichtert bzw. ermöglicht, indem in respektvoller Gesprächsatmosphäre verschiedene Perspektiven eingebracht und die Interessen, Rechte und Verantwortlichkeiten aller Beteiligten geachtet werden.

Dieses Ziel bestimmt auch die Rolle eines Ethikkomitees in der Institution: Situationen, deren moralische Bewertung unklar ist oder die einen moralischen Konflikt umfassen, zu reflektieren und dadurch zur Klärung und zu Entscheidungs- und Handlungssicherheit in vergleichbaren Situationen beizutragen.

Beratende Funktion

Ein Ethikkomitee ist grundsätzlich für die Anliegen aller im Vollzug (Bediensteten und Inhaftierten) ansprechbar: Es greift Anliegen auf und diskutiert sie. Es hat weder eine Kontroll- noch eine Entscheidungsfunktion, sondern es ist beratend. Es geht niemals darum, handelnde Personen – seien es Kollegen, Vorgesetzte oder Inhaftierte – zu kritisieren, sondern Handlungssituationen kritisch zu reflektieren. Es handelt sich also um ein Reflexions- und Beratungsgremium, welches auch Handlungsempfehlungen aussprechen kann. Da es selbst keine Entscheidungsfunktion hat, richtet es die Empfehlungen an die Anstaltsleitung. Sie hat zu entscheiden, wie damit umzugehen ist. Allerdings fordert das Ethikkomitee eine Rückmeldung zu den Überlegungen ein.

Aufgaben und Möglichkeiten der ethischen Fallreflexion durch Ethikkomitees im Justizvollzug lassen sich zusammenfassen:

- Eröffnung von Freiräumen
- Unterbrechung routinierter Handlungsabläufe
- Gemeinsame interdisziplinärer Reflexion des Handelns von Menschen im Vollzug
- Beitrag zu einem tieferen Verständnis der Wirklichkeit im Vollzug
- Analyse von Problemen und Aufdecken des darin enthaltenen ethischen Konflikts
- Eröffnung neuer (Handlungs-)Perspektiven.

Ethikkomitees nehmen dadurch Einfluss auf den Vollzug und tragen im Idealfall zu einer besseren Realisierung des Vollzugsziels bei.

Praktische Voraussetzungen

Klärung des Selbstverständnisses

Damit ein Ethikkomitee erfolgreich arbeiten kann, bedarf es einiger Rahmenbedingungen. Die wichtigste Voraussetzung ist die grundsätzliche Bereitschaft zu einem Beratungsgremium, in dem in kollegialer Offenheit und ergebnisoffen diskutiert werden kann. Es ist wichtig, sich den vertraulichen Charakter der Besprechung bewusst zu machen: Die Inhalte der Diskussion sind im Sinne des Sitzungsgeheimnisses geschützt. Nur das wird in die Anstalt kommuniziert, worüber sich die die Gruppe verständigt (Protokoll, Ergebnis), um dem Anspruch der Transparenz zu entsprechen.

Es bedarf notwendig der Unterstützung durch die Anstaltsleitung. Sie muss das Anliegen mittragen und beauftragen – und sie muss Raum und v. a. Zeit zur Verfügung stellen. Ein Ethikkomitee muss sich regelmäßig, beispielsweise alle vier Wochen, treffen, und diese regelmäßigen Treffen müssen in den Dienstplänen berücksichtigt werden. Wenn das nicht gelingt, wird das Ethikkomitee nicht auf Akzeptanz innerhalb der Anstalt stoßen. Und wenn häufig viele der Teilnehmenden fehlen, kann das Ethikkomitee nicht erfolgreich arbeiten. Es gibt Justizvollzugsanstalten, in denen die regelmäßige Teilnahme von Bediensteten aus dem Allgemeinen Vollzugsdienst aus Gründen der Dienstplanung fast unmöglich erscheint. In dem Fall kann es eine Alternative sein, dass sich das Ethikkomitee alle drei Monate für einen ganzen Tag trifft. Die Vor- und Nachteile beider Modelle sind abzuwägen, die Entscheidung über Regelmäßigkeit, Dauer und Ort trifft das Ethikkomitee.

Über die Unterstützung der Anstaltsleitung hinaus ist es wichtig, dass hinreichend viele Personen aus verschiedenen Berufsgruppen bzw. Abteilungen das Anliegen mittragen und das Ethikkomitee interdisziplinär besetzt werden kann. Ein Ethikkomitee sollte möglichst viele Bereiche der Anstalt repräsentieren, um so verschiedenen Blickwinkeln und Expertisen Raum zu geben. Von besonderer Bedeutung ist der Allgemeine Vollzugsdienst (AVD): Mehrere Vertreterinnen und Vertreter sollten Mitglieder im Ethikkomitee sein. Es ist zu diskutieren, ob auch Inhaftierte – dauerhaft oder fallbezogen – Mitglieder im Ethikkomitee sein können. Auch wenn das bislang nicht umgesetzt wird, sollte die Möglichkeit in Erwägung gezogen werden oder über andere Formen der Interessenvertretung nachgedacht werden. Schließlich handelt es sich um die Personengruppe, die besonders häufig von den zu diskutierenden Konflikten betroffen ist.

Herstellung der Arbeitsfähigkeit

Zu Beginn ist festzulegen, wie sich das Ethikkomitee zusammensetzt, und es muss sich eine Arbeitsordnung geben. Sie legt die Regelmäßigkeit der Treffen fest, Moderation, Verfahren zur Entscheidung, welche Fälle diskutiert werden usw. Dabei ist auch zu überlegen, wie die Gruppe an ihre Fälle kommt. Es kann sinnvoll sein, nicht nur Situationen zu besprechen, die Mitglieder des Ethikkomitees einbringen, sondern auch solche von Kolleginnen oder Inhaftierten. In machen Justizvollzugsanstalten werden Fälle mündlich an die Mitglieder des Ethikkomitees herangetragen, in manchen sind Zettelkästen aufgestellt, um schriftlich Fälle einzureichen. Es muss aber darauf geachtet werden, dass es sich um klar benennbare Konfliktsituationen handelt, die hinreichend ausführlich beschrieben werden. Letztlich entscheidet das Ethikkomitee, welche Fälle es sich annimmt und welche es nicht berät. Schließlich ist Sorge zu tragen, dass die Tätigkeit des Komitees auf transparente Weise in die Anstalt kommuniziert wird.

Die ethische Fallreflexion

Die ethische Fallreflexion

- beschreibt eine Situation, die als unstimmig empfunden wird (deskriptiv);
- sucht nach Verständigung darüber in der Gruppe (dialogisch);
- versucht zu begründen, worin der ethische Konflikt besteht und diesen argumentativ zu lösen (diskursiv).

Die Fallreflexion vereint folglich verschiedene Gesprächsformen, die aufeinander folgen, um das Problem angemessen zu erfassen und zu bearbeiten. Damit das gelingen kann, ist es dringend empfohlen, sich an einem Gesprächsleitfaden zu orientieren. Unser Vorschlag für einen solchen Leitfaden wird nachfolgend vorgestellt, anschließend werden normative Kriterien erläutert, die in diesem Reflexionsprozess Orientierung geben.

Der Leitfaden

Die ethische Fallreflexion soll einerseits ein Problem aus verschiedenen Perspektiven beleuchten, andererseits zielgerichtet den moralischen Konflikt aufdecken und diskutieren, um so alternative Sichtweisen und Handlungsmöglichkeiten zu entwickeln. Der Leitfaden ist eine Hilfestellung, um den Gesprächsprozess zu strukturieren. Es ist ratsam, den Schritten zu folgen, um beim Thema zu bleiben und den moralischen Konflikt zu bearbeiten. Gleichzeitig sollte der oder die Moderierende dem Gespräch genügend Raum geben, sich zu entwickeln und alle zu Wort kommen zu lassen.

Die Einteilung der folgenden Phasen der Fallbesprechung ist nicht trennscharf, sie dient vorrangig als Hilfestellung, um den je unterschiedlichen Charakter der Phasen hervorzuheben. Die einzelnen Phasen nehmen in der Durchführung unterschiedlich viel Zeit in Anspruch, v. a. die ersten Phasen sind recht zeitintensiv.

a. Klärung der Ausgangslage

Teil a bemüht sich um ein gemeinsames Verständnis der Situation, die das Unbehagen ausgelöst hat. Diese ist angemessen darzustellen und alle wichtigen Aspekte sind zu beachten und zu benennen. Auf die Darlegung der Situation durch den Informierenden folgen Rückfragen und Ergänzungen. Die Diskussion hat dialogischen Charakter: Im Zentrum stehen das

Erfassen verschiedener Zugänge und Perspektiven, sowie das gegenseitige Verstehen. Mögliche Hindernisse für das Verständnis (sachlicher und persönlicher Art) werden geklärt. Dabei werden auch eigene Widerstände oder Schwierigkeiten benannt. Am Ende einer offenen Diskussion sollte das Anliegen allen Teilnehmenden klar sein und in Worte gefasst werden können.

Kenntnis der einschlägigen Sachverhalte – Situationsverständnis

- Wie zeigt sich das Problem? Welche Irritationen gibt es, welches Unbehagen?
- Wer ist beteiligt?
- Vorgeschichte (der vorrangig Betroffenen und in der Anstalt)
- Mögliche Verständnisschwierigkeiten

Alle relevanten Informationen werden mitgeteilt. Es ist auf eine klare und umfängliche Darstellung zu achten. Je mehr Informationen allen bekannt sind, desto angemessener kann die Situation diskutiert werden. Es ist wichtig, dass neben demjenigen, der den Fall einbringt, auch andere, die von der Situation wissen, ihre Sicht mitteilen. Dabei dürfen und sollen auch rollenspezifische Wahrnehmungen benannt werden: Vielleicht stellt sich eine Situation aus der Perspektive des AVD anders da als für die Sozialarbeiterin – alle Stimmen haben im Ethikkomitee Raum und werden beachtet. Durch Rückfragen werden Unklarheiten geklärt.

In dieser ersten Phase hat meistens diejenige, die den Fall einbringt, viele Antworten zu geben – als eine Art „Expertin". Das ist in dieser Phase nachvollziehbar und richtig, sollte aber anschließend nachlassen, da sich das Ethikkomitee als Ganzes den Fall zu eigen macht.

Klärung der Umstände – Einbettung der Situation

- Klärung evtl. relevanter rechtlicher Rahmenbedingungen
- Gibt es Interessen und/oder ökonomische Faktoren, die die Situation mitbestimmen?
- Welche organisationalen Vorgaben und Prozesse haben Einfluss?

Wenn die Situation dargelegt ist, werden weitere Umstände geklärt. Oft sind rechtliche Vorgaben relevant. Wenn sie innerhalb des Ethikkomitees nicht direkt geklärt werden können, empfiehlt sich, bis zur nächsten Sitzung die nötigen Informationen einzuholen. Neben den rechtlichen Fragen ist zu klären, ob bestimmte Interessen Einfluss auf die Situation haben können. Diese sollten benannt werden.

Als Schwierigkeit erweist sich an dieser Stelle oft, dass auch „kleine" Situationen des Haftalltags auf „große" Probleme verweisen, die struktureller Art sind – vom Personalmangel bis hin zur Dominanz des Sicherheitsparadigmas. Auch wenn diese Probleme groß erscheinen, sind sie zunächst klar und sachlich zu benennen. Gleichwohl sollte man versuchen, bei der Ausgangssituation zu bleiben und sich nicht in einer Erörterung des „großen Ganzen" zu verlieren. In der ethischen Reflexion wird dann geklärt, wie hoch der strukturbedingte Anteil an dem Problem ist und wie damit umzugehen ist.

Person- und rollenspezifische Klärungen der Mitglieder des Ethikkomitees

- Gibt es eine besondere emotionale oder moralische Betroffenheit?
- Welche persönlichen Erfahrungen (ggfs. mit den Inhaftierten) sind bedeutsam?
- Offenlegung von Einstellungen und möglichen Vorurteilen gegenüber den Beteiligten

Eine ethische Reflexion, um die es ab Teil b geht, sucht nach guten Gründen: Man versucht, vernünftig zu argumentieren. Manchmal verhindern aber bestimmte Gefühle oder Vorurteile, dass wir rational und unvoreingenommen an eine Sache herangehen. Wir sind eben nicht immer unvoreingenommen – weil wir vielleicht schlechte Erfahrungen mit der Person, um die es geht, gemacht haben, weil uns die zur Diskussion stehende Situation besonders unangenehm ist, Ekel hervorruft, an eigene Erfahrungen erinnert oder was auch immer. An dieser Stelle sollten diese Vorbehalte benannt werden. Wenn sie ausgesprochen sind, kann man damit umgehen. Sie sind bekannt und stehen nicht unbenannt, aber deutlich spürbar, im Raum. Meist behindern sie dann das weitere Gespräch nicht, im Einzelfall kann es sein, dass man sich für befangen erklären muss und an einer Diskussion nicht teilnimmt.

Zusammenfassung und Formulierung des Ausgangsproblems und des Anliegens, das es nachfolgend zu erörtern gilt.

Was banal erscheint, ist von großer Bedeutung: An dieser Stelle soll formuliert werden, wie sich das Ausgangsproblem nun für alle darstellt – entweder schriftlich oder in einer klaren Formulierung mündlich. Das hat den Vorteil, dass alle Teilnehmenden sich auf eine Formulierung einigen oder wenigstens dazu Stellung beziehen müssen. So wenig Einwände wie möglich sollten unausgesprochen oder unbeachtet gelassen werden. Ansonsten ist die Gefahr groß, dass die Teilnehmenden des Ethikkomitees im weiteren Verlauf von unterschiedlichen Dingen sprechen.

b. Ethische Reflexion I

Die Teile b und c sind diskursiver Art, d. h. der oder die Informierende sollte sich aus der Expertenrolle von oben lösen und das Problem sachlich von allen erörtert werden, indem Argumente vorgebracht und abgewogen werden. Die Teile gehören eng zusammen. Sie werden hier unterschieden, weil (b) eine Phase der Weitung der Diskussion bezeichnet, in der verschiedene Perspektiven und Fragen zum Verstehen des Konflikts eingebracht werden; darauf folgt (c) eine Phase der Bündelung und Zuspitzung. Für die Fallreflexion ist die sachliche Erfassung des ethischen Problems zentral. Sie erst ermöglicht, das Problem zu verstehen und mittels der Abwägung von Argumenten zu einer Klärung beizutragen und mögliche Handlungsalternativen zu erarbeiten.

Identifikation

- Was an der geschilderten Situation verursacht die Irritation oder das Unbehagen?
- Bestimmung von Haupt- und möglichen Nebenkonflikten
- Worin liegt der zentrale ethische Konflikt bzw. worin liegt die Werteunsicherheit?

Problemanalyse

- Welche allgemeinen moralischen Prinzipien sind betroffen oder/und werden verletzt (Menschenwürde, Selbstbestimmung, Gerechtigkeit, Fürsorge usw.)?
- Welche Werte und moralischen Standards sind darüber hinaus zu berücksichtigen (Respekt, Sorgfalt, Vertrauen usw.)?
- Feststellung von Spannungen zu nicht-moralischen Gütern (z. B. Sicherheit)

Diese beiden Schritte stellen womöglich den wichtigsten – und schwierigsten – Teil der Fallreflexion dar, sie sind besonders sorgfältig zu gestalten. Denn das, was eher intuitiv erfasst wurde als etwas Irritierendes oder Unstimmiges, wird jetzt als moralischer Konflikt zu verstehen versucht. Die Frage „Was steht auf dem Spiel?“ ist oft hilfreich, denn sie hilft, dieses abstrakte Etwas zu fassen. Im Sinne unserer Einführung können wir konkretisieren: Welche moralischen Güter sind betroffen? Welche Normen oder Werte stehen miteinander im Konflikt, dass es so schwer erscheint, richtig zu handeln?

Manchmal scheinen verschiedene Konflikte oder Konfliktlinien miteinander verwoben zu sein. Dann ist es nötig, sie weitest möglich zu unterscheiden und Haupt- und Nebenkonflikte zu bestimmen. Dadurch wird besser ersichtlich, wie man weiterarbeiten kann. Wenn diese Phase Schwierigkeiten bereitet, kann man auf besondere Moderationstechniken wie Visualisierung oder ein Rollenspiel zurückgreifen (siehe unten).

Es ist wichtig, sehr genau zu sein: Was sind die Normen und Prinzipien, die verletzt werden, welche Werte sind strittig? Die Reflexion tritt hier in eine Phase, in der man gedanklich ein Stück zurücktritt, also mit etwas Distanz auf den Konflikt schaut (und damit abstrahiert): Was ist das übergeordnete Ziel jener Handlung, die hier in Frage steht (z. B. Sicherung durch Fixierung in einem bestimmten Fall oder auch das Vollzugsziel Resozialisierung)? Und wird dieses Ziel auf diese Weise tatsächlich erreicht? Oder gibt es Nebenfolgen, die so schwerwiegend sind, dass sie jenes übergeordnete Ziel konterkarieren? Ist die Maßnahme verhältnismäßig? Welche Werte werden auf diese Weise realisiert? Erst wenn diese Fragen präsent sind, können auch mögliche Alternativen in den Blick genommen werden.

c. Ethische Reflexion II

Darlegung und Klärung der Alternativen

- Darlegung und Begründung von Handlungsoptionen
- Was wären die Folgen?
- Welche Ziele würden damit verfolgt?

Abwägung der Prioritäten zur Bildung eines angemessenen Urteils

- Wo verlaufen Konfliktlinien und wie sind die Argumente der verschiedenen Seiten zu gewichten?
- Welche Prinzipien und Güter haben Vorrang und warum? (Güterabwägung)
- Offene Fragen

Wie in b für die Ausgangssituation sind nun die gleichen Fragen für mögliche Alternativen zu klären: Würde eine alternative Maßnahme besser dem Ziel dienen, eine Norm oder einen Wert realisieren? Welche Optionen gäbe es – und welche (Neben-)Folgen hätten diese? Es ist hilfreich, nicht sofort vom Machbaren her zu denken, sondern zunächst vom Wünschenswerten. Oft verstellt man sich das Nachdenken über mögliche Optionen oder traut sich manche Vorschläge gar nicht erst zu machen, weil man sie für nicht realisierbar hält. Ob und wie sich etwas realisieren lässt, ist wichtig und notwendig, kann aber ruhig in einem davon abgetrennten, nächsten Schritt erfolgen.

Unter Umständen bedarf es auch einer Güterabwägung. Darin werden die betroffenen Normen, Prinzipien, Werte usw. miteinander abgewogen: Was ist das vorrangige Ziel, und welcher Weg ist im Hinblick auf dieses der beste? Wo sind unerwünschte Nebenfolgen am geringsten? All das ist abzuwägen, um zu einem Ergebnis gelangen. Man nennt dieses Ergebnis oft (ethisches) Urteil, weil es das Ergebnis eines Abwägungsprozesses ist. Das ist nicht als Urteil im juristischen Sinne zu verstehen – und schon gar nicht als eine Art Verurteilung, denn es geht immer noch um die konkrete Situation und die Handlung – nicht um die Person!

d. Ergebnis und Empfehlung

Wie lautet die Empfehlung für das weitere Vorgehen?

- Festhalten eines Ergebnisses
- Evtl. Formulierung einer Handlungsempfehlung
- Hat sich die Situation geklärt?
- Welche Fragen bleiben offen?

Wie wird die Empfehlung begründet?
Am Ende der Beratung steht ein Ergebnis. Dieses kann ganz unterschiedlich aussehen: So kann auch die Feststellung, dass die bisherige Praxis gar nicht so schlecht ist – weil alle erwogenen Alternativen mehr unerwünschte Nebenfolgen mit sich brächten – ein wichtiges Ergebnis sein. Allein durch diese Feststellung kann neue Handlungssicherheit entstehen. Es ist auch denkbar, dass eine konkrete Situation trotz längerer Reflexion als nicht lösbar erscheint – oder sie erscheint nur dann als verbesserbar, wenn sich die Rahmenbedingungen (etwa Personalschlüssel) ändern. Dann ist es ein wichtiges Ergebnis diese Erkenntnis festzuhalten. In anderen Situationen ist es möglich, eine Handlungsempfehlung auszusprechen (siehe unten). In allen Fällen aber ist dieses Ergebnis schriftlich festzuhalten und zu begründen. Auch die Fragen, die nicht geklärt werden konnten, werden festgehalten.

e. Ergebnissicherung und Anschlusskommunikation

- Dokumentation
- Kommunikation in die Anstalt
- Festlegung eines Termins zur Überprüfung

Wenn das Ergebnis dokumentiert ist, wird es in einem geeigneten Rahmen, den das Ethikkomitee gemeinsam festlegen sollte, der Anstaltsleitung übergeben. Denn die Umsetzung der

Empfehlung obliegt nicht dem Ethikkomitee, das nur beratende Funktion hat. Auch andere Formen der Kommunikation in die Anstalt (Newsletter, verkürztes öffentliches Protokoll usw.) sind zu bedenken, um Transparenz und Relevanz der Arbeit des Ethikkomitees zu gewährleisten. Jedes Ethikkomitee sollte hier seinen eigenen Weg finden, der dem gegebenen Kontext entspricht. Im Sinne von Effektivität und Nachhaltigkeit sollte das Ethikkomitee nach einer genauer zu bestimmenden Zeit nachhaken, was aus einer Empfehlung geworden ist.

Moderation

Die Moderation der Diskussion im Ethikkomitee ist eine sehr wichtige Aufgabe. Der oder die Moderierende muss einen Rahmen schaffen, der es allen erlaubt, sich zu beteiligen – in offener Atmosphäre und gleichberechtigt. Er hat auch dafür zu sorgen, dass das, was passiert, eine ethische Fallreflexion ist – und nicht irgendein nettes Gespräch über Dinge, über die man immer schon einmal reden wollte. Es muss also gleichzeitig ermöglicht werden, alle relevanten Perspektiven und Aspekte einzubringen und doch dem ethischen Konflikt auf der Spur zu bleiben und zielführend zu argumentieren.

Die Phasen der Diskussion

Es ist daher wichtig, den Charakter der verschiedenen Phasen der Diskussion zu wahren: Zu Beginn hat das Gespräch – neben dem deutlichen Beschreiben – vorrangig dialogischen Charakter. Die Teilnehmenden versuchen einander zu verstehen, hören sich Sichtweisen an, die nicht die ihren sind, die ihnen vielleicht fremd und sonderbar erscheinen. Subjektive Eindrücke und auch Befindlichkeiten dürfen hier formuliert werden. Später hat die Moderation die Aufgabe, das Gespräch von den Personen weg und stärker auf das Problem zu lenken. Gemeinsam wird nun um ein Verstehen des zentralen Konflikts gerungen. Dazu werden Argumente ausgetauscht und abgewogen. Eine auf Argumentation ausgerichtete (diskursive) Kommunikationsform tritt nun in den Vordergrund.

Eine weitere Aufgabe der Moderation besteht darin, den Gesprächsprozess mal zu öffnen, mal zu schließen. So notwendig es ist, verschiedene Perspektiven und Meinungen einzuholen, so notwendig ist es auch, Zwischenergebnisse in Worte zu fassen, Gesagtes zu systematisieren und zusammenzufassen. In der Moderation ist daher darauf zu achten, dass die erste Phase der Diskussion zum richtigen Zeitpunkt – wenn alles Nötige gesagt ist – zu einem Abschluss kommt und ein Zwischenergebnis formuliert wird. In der nächsten Phase wird die Diskussion wieder geöffnet, um die verschiedenen ethisch relevanten Perspektiven zu benennen. Die Engführung erfordert jeweils eine Systematisierung des Gesagten durch die Moderation oder durch die Teilnehmenden. Die Öffnungsphasen können methodisch unterschiedlich gestaltet werden, um möglichst viele zu beteiligen und auf diese Weise viele Perspektiven zu gewinnen.

Verschiedene Methoden können das erleichtern: Methoden

- Fragerunden: Jeder reihum formuliert eine Frage zum Verständnis der Situation. Auf diese Weise wird von Anfang an hohe Beteiligung garantiert.
- Perspektivübernahme und Rollenspiele: Wenn die Ausgangssituation in Grundzügen dargestellt ist, kann man versuchen zu verstehen, wie sie sich für verschiedene Betroffene bzw. aus verschiedenen Perspektiven darstellt. Das Verständnis der Situation wird dadurch erweitert.
- Eine besondere Form des Rollenspiels liegt in der bewussten Betonung der Einseitigkeit: Verschiedene Gruppen nehmen gezielt eine einzige Perspektive ein und diskutieren, wie sich der Fall aus dieser Perspektive darstellt. Die jeweilige Sichtweise und ihre Argumente werden dadurch geschärft. Anschließend werden die gewonnenen Erkennt-

nisse im Plenum vorgestellt. Mögliche Figuren zur Darstellung der Perspektiven:

- Variante A: Bunte Hüte. Teilnehmende mit „grünem Hut" denken kreativ und ohne jede Beschränkung. Der „rote Hut" steht für die Emotionen, die im Spiel sind und macht diese stark. Es geht auch um Sensibilität und Einfühlungsvermögen. Den „schwarzen Hut" tragen die Pessimisten. Sie sehen alle möglichen Schwierigkeiten und Hindernisse. Der „gelbe Hut" hingegen steht für den Optimismus: Welche Vorteile bringt was mit sich?
- Variante B: Narr, Gerechtigkeit, Weisheit und Wohlwollen. Der Narr darf ohne Wenn und Aber „herumspinnen". Die Gerechtigkeit wägt die verschiedenen Positionen und Interessen sorgfältig ab, lässt keinen zu kurz kommen. Die Weisheit hat das große Ganze im Blick, sie denkt eher nachhaltig als pragmatisch. Das Wohlwollen unterstellt allen einen guten Willen und findet eine „gütige" Lösung.

- Visualisierung aller Beteiligten am Ende der ersten Phase, die dem Verständnis der Situation dient: Es ist oft hilfreich, sich bildlich vor Augen zu führen, wer alles an einem Konflikt beteiligt ist. Unterschiedliche Grade der Betroffenheit/Beteiligung lassen sich visuell – auf einer Tafel oder einem Plakat – abbilden.
- Visualisierung aller möglichen Optionen in den Phasen der ethischen Reflexion (b und c): Die Erfahrung zeigt, dass in dieser Phase häufig ein Punkt erreicht wird, an dem das Problem und bereits diskutierte Handlungsalternativen im Gespräch zu entgleiten drohen, weil alles als sehr komplex erscheint. Die Erkenntnis der Komplexität ist bedeutend. Um sie bearbeiten zu können, ist es oft hilfreich, das Problem mit seinen verschiedenen Ebenen oder bereits diskutierte Optionen auf einer Tafel/einem Flipchart abzubilden.

Es lässt sich dann leichter identifizieren, wo weiterzuarbeiten ist. Es muss und kann nicht alles getan werden. Aber es ist zu beschließen, was am wichtigsten erscheint, um sich weitergehend darauf zu konzentrieren.
- Kleingruppenarbeit: Kleingruppenarbeit ist an verschiedenen Stellen denkbar. Sie ist hilfreich, um bestimmte Aspekte zu vertiefen oder eine stockende Diskussion zu beleben. Dabei sind verschiedene Aufgabenstellungen denkbar.

Wie erwähnt ist es notwendig, dass der gemeinsam erkannte ethische Konflikt bzw. die Fragestellung ausdrücklich formuliert wird – und zwar am besten schriftlich. Es genügt nicht, dass alle eine ungefähre Vorstellung davon haben, worüber man spricht, sondern die Frage/das Problem muss klar benannt sein. Dafür hat die Moderation Sorge zu tragen.

Und nach der Diskussion? Was bleibt?

Ergebnisse

Ein mögliches Ergebnis der Reflexion im Ethikkomitee ist das Erstellen einer Handlungsempfehlung. Es wird, wie der Name schon sagt, eine Empfehlung ausgesprochen – und zwar in Richtung Anstaltsleitung. Dabei geht es weniger darum zu sagen, dies oder jenes ist zu tun, sondern um eine gute und nachvollziehbare Begründung möglicher Optionen.

Dazu werden die zentralen Schritte im Argumentationsgang des Ethikkomitees möglichst klar und knapp – und für Außenstehende verständlich – nachgezeichnet. Das am Ende der ersten Phase der Diskussion formulierte Ausgangsproblem wird dargelegt und erläutert: Was genau ist das Problem? Anschließend wird erklärt, warum es im Ethikkomitee als Problem wahrgenommen wird. Denn was für die Mitglieder des Ethikkomitees nach der langen Diskussion selbstverständlich erscheint, ist es keineswegs für diejenigen, die erstmals damit konfrontiert werden. Es wird also dargelegt, was „auf dem Spiel" steht und begründet, warum das nicht in Ordnung ist. Anschließend werden mögliche Handlungsoptionen aufgezeigt und begründet, ob und warum eine dieser Optionen zu bevorzugen ist.

Die Empfehlung kann auch darin bestehen, die verschiedenen Optionen einschließlich ihrer Vor- und Nachteile zu benennen, ohne eine Präferenz auszusprechen. Auch damit entspricht das Ethikkomitee seinem beratenden Charakter. Die Anstaltsleitung entscheidet, wie damit umzugehen ist.

Wie im Leitfaden erläutert, ist es auch möglich, dass keine konkrete Handlungsempfehlung ausgesprochen werden kann. Das Ergebnis der Diskussion sollte jedoch in jedem Fall festgehalten werden.

Hinweise zur Erstellung einer Handlungsempfehlung

Eine Handlungsempfehlung legt zunächst knapp die Situation dar, von der die Diskussion ihren Ausgang genommen hat. Anschließend formuliert sie die Frage, die im Ethikkomitee als zentraler Konflikt identifiziert und diskutiert worden ist. Der ethische Konflikt wird benannt, so dass deutlich wird, was in jener Situation aufeinanderprallt.

Auch die zentralen Argumente können von Interesse sein. Sie könnten dargelegt und es könnte erläutert werden, wie sie gewichtet wurden. Mögliche Wendungen in der Diskussion sollten benannt werden, damit die Argumentation nachvollziehbar ist.

Es folgt das Ergebnis, zu dem die Gruppe gelangt ist. Wie hat sie den Konflikt beurteilt und – falls möglich – welche Handlungsalternativen erschienen ihr als sinnvoll? Jene Handlungsalternativen auszuarbeiten und umzusetzen, kann abschließend als Empfehlung ausgesprochen werden.

Nachdem Aufgaben eines Ethikkomitees und der Ablauf der ethischen Fallreflexion erläutert wurden, ist nun genauer zu bestimmen, welche ethischen Begriffe hierfür relevant sind und welche Kriterien das Handeln leiten können.

Orientierungshilfen: Normative Kriterien des Handelns

Wenn wir unser Handeln beurteilen, gibt es Vorstellungen davon, wie es sein sollte. Man nennt das auch „normativ": Es gibt Prinzipien, Normen, Regeln und Werte, die unser Handeln orientieren und zu seiner Beurteilung dienen. Manchmal ist diese Vorstellung sehr klar, so dass man sagen kann, was das Richtige ist, manchmal lässt sich nur sagen, was zumindest „besser" wäre. Es gibt Normen und Prinzipien grundsätzlicher Art (z. B. Menschenwürde, in diesem Zusammenhang auch Resozialisierung), die große Bedeutung haben, weil sie ein Prüfkriterium darstellen und Orientierung geben. Sie bleiben aber meist zu allgemein, um im konkreten Fall allein durch sie zu einem Verständnis des Problems und zu einem Ergebnis zu kommen. Um größere Genauigkeit in der Analyse zu erreichen, bedarf es weiterer Kriterien.

Daher werden im Folgenden zunächst Menschenwürde und Resozialisierung als zentrale Orientierungspunkte aufgeführt. Anschließend werden Handlungsprinzipien vorgestellt, die auch in klinischen Ethikkomitees eine Rolle spielen. Nach Beauchamp und Childress sind das: Autonomie, Nicht-Schädigungs-Prinzip und Prinzip des Wohltuns, sowie die Gerechtigkeit. Sie geben klare Vorgaben für das menschliche Miteinander und bieten daher auch in schwierigen Situationen Orientierung oder dienen als Prüfkriterium (vgl. Beauchamp/Childress 2008).

Weitere Kriterien sind denkbar, beispielsweise Respekt und Anerkennung (in enger Beziehung zur Menschenwürde) oder Nachhaltigkeit o. Ä. Dem Ethikkomitee ist freigestellt, weitere Prinzipien und Kriterien zu bestimmen, um mit ihnen zu arbeiten.

Menschenwürde

Grundstatus des Menschen

Menschenwürde ist ein „grundlegendes und unbeliebiges Urteil über den intrinsischen Wert des Menschen" (Düwell 2010, 73), das den besonderen Status des Menschen betont. Das heißt: Die Würde ist jedem Menschen eigen und kennzeichnet seinen besonderen Wert. Sie muss nicht verdient werden und sie kann ihm nicht genommen werden. Im Kontext von Straftaten bedeutet das zweierlei: Ein Straftäter verliert seine Würde nicht. Auch er ist im Besitz der Menschenwürde, auch seine Würde ist zu achten – auch wenn das, was er getan hat, schwer erträglich ist. Umgekehrt wird auch jemandem, der zum Opfer geworden ist, die Würde nicht genommen. Vor allem wenn Würde, wie es in verschiedenen Zeiten und Kulturen getan wurde und wird, ähnlich wie Ehre verstanden wird, kann ein anderer Eindruck entstehen: In einem solchen Denken verlöre etwa ein Vergewaltigungsopfer seine Würde. Das ist hochproblematisch – das Opfer wird nochmals zum Opfer. Das entspricht ausdrücklich nicht dem Begriff der Würde, der hier vertreten wird und der das Grundgesetz prägt.

Kann man Würde „besitzen"?

Gleichwohl kann die Würde verletzt werden. Es genügt nicht zu sagen: Jemand ist im Besitz der Würde. Wir tragen die Würde nicht wie ein Schatzkästchen mit uns herum, sondern die Würde muss sich entfalten, sie muss sich in unserem Leben und Handeln realisieren können. Das Menschsein, das durch die Würde gekennzeichnet ist, realisiert sich in einem selbstbestimmten Leben (in Beziehung zu anderen und im Bewusstsein der Verletzlichkeit), das sich in Handlungen vollzieht (vgl. Düwell 2010, 64–79). Aus der Menschenwürde resultiert ein Anspruch, diese Handlungen zu schützen bzw. zu gewährleisten und ihre Verwirklichung zu ermöglichen und die entsprechenden Bedingungen dazu zu gestalten. Man kann auch sagen: Die Würde realisiert sich in der Ausübung von Rechten, die zu gewährleisten sind.

So heißt es auch im Grundgesetz, Art. 1: Grundgesetz

> (1) Die Würde des Menschen ist unantastbar. Sie zu achten und zu schützen ist Verpflichtung aller staatlichen Gewalt. (2) Das Deutsche Volk bekennt sich darum zu unverletzlichen und unveräußerlichen Menschenrechten als Grundlage jeder menschlichen Gemeinschaft, des Friedens und der Gerechtigkeit in der Welt.

Die Menschenwürde und die danach folgenden Grundrechte binden das Gesetz. Doch was Würde genau bedeutet, bleibt im Grundgesetz unbestimmt. Und doch gibt es so etwas wie geteiltes Verständnis eines Kerngehalts, der sich folgendermaßen umreißen lässt:

> „Dieser Kerngehalt umfasst die Anerkennung und Achtung jedes Menschen als eigenständiges Subjekt, als Träger grundlegender Rechte und der Freiheit zur eigenen Entfaltung und verantwortlichem Handeln, den Ausschluss von Entwürdigung und Instrumentalisierung nach Art einer Sache, über die beliebig verfügt werden kann“ (Böckenförde 2006, o. S.).

Dieser Satz bringt hervorragend auf den Punkt, was Menschenwürde bedeutet. Vor allem der letzte Aspekt ist als Faustregel für unser Handeln – auch im Justizvollzug – wichtig: Kein Mensch darf instrumentalisiert werden, d. h. niemand darf als Mittel zum Zweck missbraucht werden, niemand nur als Objekt betrachtet werden, über das andere verfügen dürfen – und sei es auch zu einem vermeintlich höheren Ziel – auch und besonders nicht durch den Staat. Der Justizvollzug muss sich also daran messen lassen.

Resozialisierung

Vollzugsziel

Aus der Menschenwürde und aus dem Sozialstaatsprinzip leitet sich das Vollzugsziel der Resozialisierung ab – auch die Resozialisierung hat folglich einen sehr hohen normativen Rang. So heißt es in einem Urteil des Bundesverfassungsgerichts:

> „Vom Täter aus gesehen erwächst das Interesse an der Resozialisierung aus seinem Grundrecht aus Art. 2 Abs. 1 GG in Verbindung mit Art. 1 GG. Von der Gemeinschaft aus betrachtet verlangt das Sozialstaatsprinzip staatliche Vor- und Fürsorge für Gruppen der Gesellschaft, die aufgrund persönlicher Schwäche oder Schuld, Unfähigkeit oder gesellschaftlicher Benachteiligung in ihrer persönlichen und sozialen Entfaltung behindert sind; dazu gehören die Gefangenen und Entlassenen“ (BVerfGE 35).

Resozialisierung wird in den meisten Landesvollzugsgesetzen als primäres Ziel des Justizvollzugs genannt. Die Formulierungen lehnen sich oft am StVollzG von 1977 an. So heißt es in § 2 StVollzG, ohne dass der Begriff selbst genannt wird:

> „Im Vollzug der Freiheitsstrafe soll der Gefangene fähig werden, künftig in sozialer Verantwortung ein Leben ohne Straftaten zu führen (Vollzugsziel). Der Vollzug der Freiheitsstrafe dient auch dem Schutz der Allgemeinheit vor weiteren Straftaten."

Verantwortliche Lebensführung

Auch wenn der Begriff der Resozialisierung ungenau und umstritten ist, kann aus § 2 StVollzG doch gefolgert werden, dass es um die Ermöglichung einer verantwortlichen Lebensführung geht. Es müssen die Bedingungen geschaffen werden, dass der Betroffene Freiheit einüben, Fähigkeiten entwickeln und Defizite ausgleichen kann, um am gesellschaftlichen Leben (wieder) teilzunehmen.

An diesem aus der Menschenwürde und dem Sozialstaatsprinzip abgeleiteten Vollzugsziel der Resozialisierung muss sich vollzugliches Handeln messen lassen. Konkret ist zu fragen, ob eine Handlung dem Vollzugsziel widerspricht, d. h. die mögliche Resozialisierung behindert oder aber fördert.

Was trägt dazu bei, fähig zu werden zu einem Leben ohne Straftaten und in sozialer Verantwortung?

Resozialisierung wird oft eng geführt auf ein Leben ohne Straftaten. Aber ohne Straftaten leben zu können und zu wollen, setzt einiges voraus: Fähigkeiten, mit sich selbst und den eigenen Wünschen, Fehlern und Widersprüchen umzugehen, ebenso wie andere Menschen zu tolerieren, ob man sie nun mag oder nicht – und Normen anzuerkennen, ob man sie nun einsieht oder nicht. Das beinhaltet ein Leben in Verantwortung.

Wie aber gestaltet man sein Leben in – sozialer – Verantwortung? Wie kommt man dahin, es zu können? Handeln wird durch Gesetze und moralische Normen geleitet; aber es wird auch bestimmt durch die Reaktion unserer Mitmenschen, v. a. derer, die uns besonders wichtig sind. Zur Entwicklung eines gefestigten Selbst, das in der Lage ist, eigenständig und verantwortlich zu handeln, trägt bei, für das, was man tut, Anerkennung zu erfahren. Das beginnt in der frühen Kindheit, hört aber nie ganz auf: Menschen müssen die Erfahrung machen, dass sie etwas bewirken und Reaktionen hervorrufen können. Daraus resultieren Selbstschätzung und Selbstachtung, die Grundlage allen verantwortlichen Handelns gegenüber anderen sind. Umgekehrt heißt das: Es ist für die Entwicklung des Selbst – und die Entwicklung seines moralischen Bewusstseins – problematisch, wenn diese Erfahrungen ausbleiben. Außerdem macht es einen Unterschied, wofür ich Anerkennung erfahre: Wenn bislang nur Regel- oder Gesetzesverstoße eine Reaktion hervorgerufen haben, wird es schwierig sein, in Zukunft anders zu handeln.

Der Justizvollzug sollte Räume und Möglichkeiten bieten, Erfahrungen der Selbstwirksamkeit und Anerkennung zu machen, um die Persönlichkeit der Inhaftierten zu festigen, damit sie verantwortlich sich selbst und anderen gegenüber handeln können.

Arbeit, Sport, Theater usw. können diese Möglichkeiten bieten. Die ganz große Herausforderung bleibt es jedoch, Begegnung und Beziehung in der JVA zu ermöglichen.

Autonomie

Selbstgesetzgebung

Der Begriff stammt aus dem Griechischen und bezeichnet die Selbstgesetzgebung. Häufig wird Autonomie mit Selbstbestimmung übersetzt – im Gegensatz zur Fremdbestimmung.

Für Kant, der den Begriff maßgeblich prägte, bedeutet Autonomie aber nicht, dass ich tue, wozu ich gerade Lust habe. Denn dann lasse ich mich fremdbestimmen durch meine Lust. Autonom handelt der Mensch im Sinne Kants, wenn er nicht fremdbestimmt ist – nicht durch ein äußeres Gesetz, nicht durch Natur und Kausalitäten, nicht durch Autorität, nicht durch Neigung, sondern wenn er sich dem Sittengesetz unterstellt. Moralische Autonomie realisiert sich für ihn durch den sich in Freiheit durch die Vernunft selbst bestimmenden Willen – also wenn wir das Gute tun aus Überzeugung und weil es vernünftig ist.

Autonomie und Freiheit

Autonomie ist Ausdruck der Freiheit des Menschen, die Fähigkeit, sich als freie Wesen zu begreifen und frei zu handeln. Das umfasst negativ (= frei von) die Unabhängigkeit von Fremdbestimmung, ebenso wie positiv (= frei zu) seinem Tun selbst einen bestimmten Inhalt zu geben. Sie beschreibt also die Fähigkeit, aus sich heraus Ziele für das eigene Leben zu setzen und bewusst und freiwillig zu handeln. Autonomie kann als Vermögen zur selbständigen Lebensführung in verantworteter Freiheit verstanden werden. Damit verbunden ist auch, für das eigene Handeln Verantwortung zu übernehmen. Autonomie meint daher nicht Bindungslosigkeit oder gar Selbstgenügsamkeit, die man mit dem Begriff Autarkie bezeichnen würde.

Grenzen der Autonomie

Eine völlige Autonomie gibt es nicht, denn wir sind auch fremdbestimmt: Uns sind Grenzen gesetzt durch Sprache, Kultur, Gesellschaft usw. Autonomie bedeutet daher auch, sich kraft der Vernunft zu den verschiedenen Fremdbestimmungen verhalten zu können. In unterschiedlichen Lebensphasen oder in besonderen Situationen (Krankheit, aber auch Inhaftierung) sind diese Grenzen besonders eng, Autonomie wird erschwert. Dennoch ist man heute vorsichtig mit Entgegensetzungen, wonach Gesunde autonom, Kranke nicht autonom wären o. Ä. Nicht nur dass es schwierig ist, zu bestimmen, wo Gesundheit und Krankheit beginnen oder enden, sondern man geht auch davon aus, dass in jeder Lebenssituation – wenn auch in unterschiedlichen Graden – Autonomie gegeben ist.

Das gilt auch in der JVA – obwohl die Rede von Autonomie hier beinahe zynisch klingt. Es gibt kaum Räume, wo der Inhaftierte selbstbestimmt handeln kann. Der Freiheitsentzug selbst ist eine erhebliche Eingrenzung der Selbstbestimmung. Aber: Über den Freiheitsentzug hinaus darf nicht gestraft werden. Es ist also zu prüfen, wo unnötig und letztlich unberechtigt die geringen Räume der Selbstbestimmung zusätzlich reduziert werden. Und es wäre im Sinne der Resozialisierung zu untersuchen, wo und wie sie erweitert werden können.

Nicht-Schädigungs-Prinzip (non-maleficence) und Prinzip des Wohltuns (beneficence)

Das Prinzip der Nicht-Schädigung (Primum non nocere/Neminem laedere) galt schon in der griechischen Antike als Prinzip der Medizin(-Ethik). Es verbietet, anderen an Leib, Leben oder Eigentum Schaden zuzufügen. Zu ergänzen sind psychischer und sozialer Schaden. Medizinethisch ist das besonders anspruchsvoll, da man es auch auf unbeabsichtigte Nebenfolgen einer Handlung (Nebenwirkungen) zu beziehen hat. Doch auch im Justizvollzug sind Handlungen danach zu befragen, ob sie dem Inhaftierten Schaden zufügen – sei es als Nebenfolge, sei es, weil man die Schädigung um eines anderen Ziels wegen in Kauf nimmt (Bsp. Disziplinierung). So grundlegend das Prinzip ist, so schwierig kann es in der Praxis sein, da es anderen Prinzipien möglicherweise widerspricht – etwa dem

Mögliche Nebenfolgen des Handelns

Prinzip der Autonomie: Was nämlich, wenn der Betroffene den möglichen Schaden in Kauf nehmen will? Sorgfältige Abwägungsprozesse werden notwendig.

Das Prinzip ist eng verbunden und steht zugleich in einem Spannungsverhältnis zum Prinzip des Wohltuns. Dieses benennt die Verpflichtung, das Wohlergehen anderer durch das eigene Handeln zu befördern. Es umfasst aber auch:

- Andere Personen davor zu bewahren, Schaden zu erleiden;
- Erlittenen Schaden wiedergutzumachen
- Nutzen und Schadensrisiken abzuwägen.

Wohl – ein problematischer Begriff

Die Schwierigkeit dieses Prinzips ist die Bestimmung des Wohls: Was ist das Wohl des oder der anderen? Nicht immer ist unmittelbar ersichtlich, worin das Wohl besteht, und es bedarf der professionellen Haltung der Achtsamkeit es zu erkennen. Insbesondere wenn die Auffassung der sozial-professionell Handelnden (etwa der Bediensteten) von der des Inhaftierten abweicht, werden Abwägungsprozesse und Entscheidungen nötig, um nicht bevormundend für den anderen Entscheidungen zu treffen.

Es kann daher sinnvoll sein, Wohltun durch den Begriff der Anerkennung zu ergänzen oder zu ersetzen: Denn Anerkennung meint einerseits die Anerkennung als gleichberechtigtes Gegenüber, und andererseits die Anerkennung der Besonderheit, die im günstigen Fall mit Wertschätzung einhergeht. Diese im Justizvollzug besonders wichtige Erfahrung von Anerkennung und Wertschätzung ist ein wichtiger Aspekt des Wohltuns in einem erweiterten Sinn.

Gerechtigkeit

Gerechtigkeit und Gleichheit

Gerechtigkeit ist ein zentraler Grundsatz der Ethik. Sie ist zugleich ein Maßstab für individuelles und institutionelles Handeln und eine innere Haltung (Tugend) des Menschen. Aber was ist gerecht?

Gerechtigkeit ist eng mit Gleichheit verbunden. So muss nach dem Gleichheitsgrundsatz Gleiches auch gleichbehandelt werden. Alle Menschen sind gleich an Würde und an Rechten und müssen aufgrund dessen grundsätzlich gleichbehandelt werden. Doch Gerechtigkeit geht nicht in Gleichheit auf. Denn nicht nur ist Gleiches gleich zu behandeln, sondern auch Ungleiches ungleich. Die Ungleichbehandlung muss aber begründet sein, sie darf nicht willkürlich erfolgen. Auf der Basis der grundsätzlichen Gleichheit ist also auch Ungleichbehandlung erlaubt bzw. gefordert, z. B. aufgrund von besonderen Bedürfnissen und Fähigkeiten. Die Herausforderung liegt darin zu erkennen, wann welche Handlung erforderlich ist. Als Faustregel kann gelten: So viel Gleichheit wie möglich, so viel Ungleichheit wie nötig. Denn nur der Vorrang der Gleichheit garantiert die Anerkennung des Anderen als Gleichen mit gleichen Rechten. Ungleichbehandlung kann nötig werden, muss dann aber gerechtfertigt werden.

Formen der Gerechtigkeit

Gerechtigkeit hat noch viele weitere Bedeutungen oder auch Bedeutungsebenen: Einmal kann Gerechtigkeit als eine Tugend, d. h. als persönliche Haltung, verstanden werden: Jemand ist rechtschaffen, er bemüht sich, das Richtige zu tun. Das ist ein wichtiger Aspekt, der aber im Ethikkomitee weniger zur Debatte steht, da ja nicht der Charakter von Einzelnen „bewertet“ wird. Daneben gibt es eine allgemeine Gerechtigkeit, die als Gesetzesgerechtigkeit das komplizierte Verhältnis von Recht und Moral betrifft und hier ebenfalls nicht diskutiert wird. Und schließlich ist bis heute eine Unterscheidung spezieller Gerechtigkeit(en) relevant: Sie umfasst die Tauschgerechtigkeit, die ausgleichende Gerechtigkeit, sowie die Verteilungsgerechtigkeit. Die Tauschgerechtigkeit regelt den Tausch von Gütern im Wirtschaftsbereich. Die ausgleichende Gerechtigkeit sieht vor, einen Zustand, wenn er gestört wurde, wiederherzustellen, sie kann auch als wiederherstellende Gerechtigkeit bezeichnet werden. Neuere Modelle von *restorative justice* knüpfen hier an. Die Verteilungsgerechtigkeit regelt die Verteilung von Gütern und Lasten anhand bestimmter Kriterien. Neben der Gleichbehandlung aller können Leistung, Bedürfnis, Nutzen u.a. Kriterien sein, die die Verteilung rechtfertigen. Je nach Kriterium wird die Verteilung unterschiedlich ausfallen, so dass die Wahl der Kriterien zu begründen ist: Wer erhält was warum, bzw. muss etwas leisten oder auf bestimmte Art behandelt werden. Erschwert wird diese Form der Gerechtigkeit durch Mangel an Ressourcen: Je kleiner „der Kuchen" desto schwieriger die gerechte Verteilung. Fragen der Verteilungsgerechtigkeit stellen sich sowohl in Hinblick auf Inhaftierte (Gibt es „Belohnungen"? Wenn ja wofür? Wer erhält Arbeit, wer nicht?) als auch für Bedienstete – etwa hinsichtlich der Frage nach der Verteilung von unangenehmen Diensten usw. Wie werden welche Aufgaben und Güter verteilt und nach welchen Kriterien?

Verschiedene Gerechtigkeitstheorien versuchen zu begründen, welche Gleich- und Ungleichbehandlung gerechtfertigt ist. Moderne Gerechtigkeitstheorien sagen aber nicht für jeden konkreten Fall „x ist gerecht", „y ist ungerecht", sondern sie sind formale Theorien, d.h. sie bestimmen, wie Verfahren auszusehen haben, damit ihr Ergebnis als gerecht gelten kann.

Auch im Justizvollzug ist Verfahrensgerechtigkeit nötig: Erst klare und transparente Verfahren garantieren Gerechtigkeit.

Verfahrensregeln

„Moralisches Gut" ist ein recht allgemeiner Begriff, der eher ungenau die Ziele menschlichen Handelns umfasst. Im Allgemeinen ist die Rede von Gütern stark ökonomisch geprägt – in der Ethik stellt sie einen Versuch (unter anderen!) dar, Grunddimensionen des Menschlichen zu erfassen – und zwar materieller und immaterieller Art.

Welche Güter stehen auf dem Spiel?

Wenn in der Fallreflexion verschiedene moralische Güter identifiziert wurden, stellt sich die Frage, wie damit umzugehen ist. Selten ist eine Option eindeutig die bessere, also müssen Optionen in ihren Vor- und Nachteilen abgewogen werden. Die Leitfrage ist: Welche Güter stehen auf dem Spiel? Die zuvor genannten moralischen Prinzipien sind solche Güter, über die hinaus es noch weitere gibt:

- Würde, Rechte, Chancen, Werte, Partizipationsmöglichkeiten usw.
- Grundgüter (Leben, Gesundheit, Selbstwirksamkeit, körperliche und psychische Integrität usw.)
- Bedarfsgüter (Nahrung, Kleidung, Wohnen, materielle Mindestausstattung usw.)

Güterabwägung

Angesichts der Vielzahl müssen Güter abgewogen werden. Dazu gibt es einige Faustregeln. Die wichtigste ist die sog. Vorzugsregel. Bei ansonsten gleichen Bedingungen ist das Gut zu wählen, welches am wichtigsten ist bzw. welches das geringste Übel darstellt.

Darüber hinaus sind folgende Regeln hilfreich:

- Reversibles vor irreversiblem Übel
  Wenn man schon ein Übel in Kauf nehmen muss, dann sollte man jenem den Vorzug geben, das vorübergehend ist oder rückgängig gemacht werden kann.

- Kurzfristiges vor langfristigem Übel
  Ebenso gilt, dass kurzfristige und schnell vorübergehende negative Folgen langfristigen oder dauerhaften vorzuziehen sind.
- Verhältnismäßigkeit
  Das wichtige Rechtsprinzip kann auch als moralische Abwägungsregel dienen: Es ist zu fragen, ob der Zweck tatsächlich legitim ist und ob die Mittel diesen zu erreichen angemessen sind. Insbesondere bei Eingriffen in (Grund-) Rechte ist zu begründen, ob dies notwendig und v. a. angemessen ist
- Folgenabschätzung
  Nicht nur in der Technikethik sondern bei allen praktischen Fragen sind die Folgen in den Blick zu nehmen: die intendierten und die unbeabsichtigten. Wenn unbeabsichtigte Nebenfolgen schwerwiegend sind, können sie die gewünschten Folgen zunichte machen.

Diese Regeln bieten Hilfestellungen. Sie können und müssen nicht immer alle zur Anwendung kommen. Außerdem bleibt immer ein Ermessensspielraum. Letztlich entscheidet das Ethikkomitee, wie es die Diskussion gestaltet und nach Abwägung aller Argumente zu einem Ergebnis kommt.

Und über allem die Sicherheit? Ein Exkurs

„Nicht mehr die Angemessenheit, die Gerechtigkeit von Sanktionen beschäftigt unsere Phantasie und steuert unser Handeln, sondern die Aussicht, unser Leben auch mit Hilfe des Strafrechts sicherer zu machen, die Risiken krimineller Übergriffe verlässlicher zu beherrschen."
(Hassemer 2009, 74)

Sicherheit als Wert?

Oft hat es im Justizvollzug den Anschein, dass ein Wert alle anderen übertrifft: die Sicherheit. Sie erscheint als der Trumpf, der alles sticht. Man kann über alles sprechen, man kann das Vollzugsziel der Resozialisierung loben, man kann betonen, dass es doch selbstverständlich um den Inhaftierten geht – solange sicher ist, dass nichts passiert.

Doch kann man sich der Sicherheit sicher sein? Kann man sie garantieren – und wenn ja, was ist der Preis? Diese Fragen stellen sich gegenwärtig gesamtgesellschaftlich und können hier nur angedeutet werden. Aber sie müssen gestellt werden, da auch die ethische Reflexion zum einen immer wieder mit dem Problem der Sicherheit konfrontiert wird und zum anderen selbst zu einer – etwas anders verstandenen – (Handlungs-)Sicherheit beitragen kann.

In vielen gesellschaftlichen Bereichen ist ein verstärktes Bedürfnis nach Sicherheit erkennbar. Das schlägt sich auch in Politik und Recht nieder, die Sicherheit versprechen, und es hat Auswirkungen auf den Justizvollzug: Das "Wegsperren" des Täters scheint zu garantieren, dass man vor diesem sicher ist. Dabei wird ein wichtiges Detail aber häufig übersehen. Will man nämlich vermeiden, dass der Inhaftierte auch nach Entlassung wieder ein „Sicherheitsrisiko" darstellt, reicht es nicht, ihn einfach einzusperren. In der Zeit der Inhaftierung muss schließlich „etwas" mit ihm passieren. Es bedarf Maßnahmen der Resozialisierung, um langfristig Sicherheit zu erreichen. Oder aber man fordert in dieser Logik direkt und unverblümt, dass das Wegsperren für möglichst lange Zeit zu erfolgen hat. Wegsperren verspricht Sicherheit, der immer häufiger verhängte Maßregelvollzug etwa scheint dieses Versprechen einzulösen. Der Justiz- (und Maßregel-)vollzug wird zu einem System, das jene Sicherheit generieren soll, die vielen gesellschaftlichen Bereichen zu fehlen scheint. Hohe Erwartungen lasten auf dem Vollzug.

Die Rolle der Sicherheit im Vollzug

Die abstrakte Rede von Sicherheit oder die diffuse Angst vor Unsicherheit nehmen im Gefängnis sehr konkrete Gestalt an: Zu verhindern sind Ausbrüche oder andere Gefahren, die vom Inhaftierten ausgehen könnten. Der Druck der Politik und der Öffentlichkeit tragen dazu bei, dass die Anstaltsleitung besonders vorsichtig und eher restriktiv verfahren, denn sie sind es, die Verantwortung übernehmen müssen, wenn etwas schiefgeht. Die so entstehende Atmosphäre des Zauderns und der Angst erschwert aber jedes Handeln. Denn bei welcher Änderung, bei welcher Lockerung, bei welcher Maßnahme kann man schon garantieren, dass „nichts passiert"? Einfacher erscheint es dann, keine Lockerung zu gewähren oder eben: nichts zu tun. Dadurch werden jedoch dem Inhaftierten Möglichkeiten genommen, ein *Leben ohne Straftaten und in sozialer Verantwortung* einzuüben. Als besonderes Problem erscheint dabei, dass Sicherheit nie vollständig erreicht werden kann. Es gibt keine Garantie. Jeder Rückfall, jedes Delikt erscheinen als Zeichen für ein Fehlen von Sicherheit und erfordern weitere Sicherheitsmaßnahmen. Es entsteht eine Spirale, aus deren Logik schwer zu entkommen ist.

Das Ethikkomitee dient nicht unmittelbar dazu, Sicherheit herzustellen – im Gegenteil. Maßnahmen, die auf Sicherheit ausgerichtet sind, aber in der Gefahr stehen, das Vollzugsziel aus den Augen zu verlieren, werden hier kritisch reflektiert. Es gibt aber gute Gründe anzunehmen, dass die durch das Ethikkomitee bewirkte Verbesserung konkreter Alltagssituationen langfristig zu einer Erhöhung der Sicherheit führt – weil Situationen der Verunsicherung wahrgenommen und reflektiert werden und weil es letztlich darum geht, dass Inhaftierte besser befähigt werden, ein Leben ohne Straftaten zu führen.

Ethikkomitee und Sicherheit

Auch in der Arbeit des Ethikkomitees kann die Maßgabe der – kurzfristig zu garantierenden – Sicherheit zum alles überragenden Prinzip werden, nach dem erlaubt oder möglich ist, was die Sicherheit nicht gefährdet. Der Charakter der freien und ergebnisoffenen ethischen Reflexion ist dann gefährdet.

Es ist aber nicht die Sicherheit, sondern die Freiheit, die den modernen Rechtsstaat legitimiert. Die Sicherheit dient dem Schutz der Freiheit und deren Konkretion in Rechte. Gerade deshalb ist sie ihr untergeordnet, sie kann daher nicht als moralisches Prinzip oder, wie es der frühere Innenminister Friedrich nannte, „Supergrundrecht“ gelten! Ein funktionierendes Ethikkomitee könnte dazu beitragen, diesen Zusammenhang zu verdeutlichen, weil es Freiheitsräume für Inhaftierte eröffnet, die zur Realisierung des Vollzugsziels beitragen – und damit letztlich auch Sicherheit generieren.

Das Ethikkomitee folgt keinem illusionären Versprechen „vollständiger Sicherheit“, die Beratungen zielen auch nicht auf jene allgegenwärtige kurzfristige Sicherheit. Es kann aber sehr wohl zu einer längerfristigen (Handlungs-)Sicherheit beitragen.

Ethikkomitee und Fallreflexion innerhalb der JVA – Erwartungen und Grenzen

Handlungssicherheit stärken

Fassen wir die Rolle eines Ethikkomitees in der Institution zusammen: Aufgabe des Ethikkomitees ist es, Situationen, deren moralische Bewertung unklar ist oder die einen moralischen Konflikt darstellen, zu reflektieren und dadurch zur Klärung und zur Handlungssicherheit in vergleichbaren Situationen beizutragen. Es handelt sich folglich nicht um einen unverbindlichen persönlichen Austausch, sondern es geht um Kernanliegen der Institution Justizvollzug.

Die Wirkungen eines solchen Ethikkomitees in Justizvollzugsanstalten können vielfältig sein. Auf der individuellen Ebene findet eine Sensibilisierung für moralische Fragen statt. Mitglieder des Ethikkomitees (aber auch Nicht-Mitglieder) nehmen problematische Situationen im eigenen Handeln und im Vollzugsalltag bewusster wahr, und die Gesprächsbereitschaft darüber wächst. Es entsteht ein Raum, um dem Ungerechtigkeitssinn, von dem zu Beginn die Rede war, nachzugehen und ihn zu schärfen. Auf diese Weise kann die verbreitete Anpassung an Gegebenheiten, die der Realisierung des Vollzugsziels widersprechen, durchbrochen werden.

Wirkungen auf die Organisation

Das Ethikkomitee trägt zur Selbstreflexion der Bediensteten – und letztlich der Institution – bei. Es hat Auswirkungen auf die Organisation. Indem Widerstände zur Realisierung des Vollzugsziels benannt und analysiert werden, wird Veränderung – genauer: Verbesserung – möglich. Das kann eine Veränderung von Organisationsabläufen beinhalten. Gleichwohl hat ein Ethikkomitee nicht dieselbe Funktion wie Qualitätsmanagement, Organisationsentwicklung oder Supervision – auch wenn es Überschneidungen gibt. Wie in der Organisationsentwicklung wird die Frage gestellt, ob die bestehende Praxis noch dem eigentlichen Zweck der Institution gerecht wird. Während aber in der Organisationsentwicklung häufig – wenn auch nicht notwendig! – ökonomische Motive wie Effizienz oder Stelleneinsparungen handlungsleitend sind, geht es im Ethikkomitee um das normativ Richtige, um das, was sein soll. Dazu gibt es eine klare Vorgabe: Das Vollzugsziel der Resozialisierung soll realisiert werden. Daraufhin sind Handlungen zu überprüfen: Richtig sind jene, die dazu beitragen. Indem das Ethikkomitee zu erkennen hilft, welche Handlungen im Alltag dem eventuell nicht entsprechen, welche es vielleicht schwieriger machen – und wie man es besser machen könnte –, dient das Ethikkomitee der besseren Umsetzung des Vollzugsziels. Eine solche Wirkung ist nicht kurzfristig erreichbar und schwer messbar. Veränderungen sind mittelfristig aber erkennbar – durchaus auch im Sinne einer guten Organisationsentwicklung.

Gruppenprozess

Eine besondere Bedeutung kommt dem Ethikkomitee als Gruppe zu. Die Gruppe durchbricht die Gegenüberstellung Individuum – Organisation, die häufig Entfremdung oder Ohnmacht auslöst, und führt eine Zwischenebene ein. Es ist gerade diese Beratung in der Gruppe, die deutlich macht, dass der einzelne Bedienstete mit seinem Unbehagen und den Gewissensfragen, die er sich stellt, nicht allein ist. Der Gruppenprozess vermag hier neue Perspektiven zu eröffnen. So kann es im Gespräch in der Gruppe auch leichter gelingen, die institutionelle Dimension eines vermeintlich persönlichen Konflikts sichtbar zu machen. Wenn die moderierte Diskussion in einem geschützten Raum zusätzlich Konflikte offenlegt und verständlich macht, kann die Institution als gestaltbar erfahren werden. Umgekehrt wird deutlich, dass Rahmenbedingungen das richtige Handeln erschweren und sogar unmöglich machen können, beispielsweise weil die Arbeitslast zu hoch oder eine Aufgabe nicht leistbar ist. Ein Misslingen kann dann nicht (allein) dem Einzelnen angelastet werden, sondern es muss immer auch nach den Bedingungen gefragt werden, unter denen er seine Arbeit zu leisten hat.

Ein Ethikkomitee ist nicht immer sinnvoll. Können die oben genannten Voraussetzungen nicht erfüllt werden, ist die Etablierung eines Ethikkomitees nicht ratsam. Wenn grundlegende Kommunikation oder betriebliche Abläufe nicht funktionieren, müssen diese an entsprechender Stelle verändert werden. Ein Ethikkomitee kann weder das moralische Deckmäntelchen sein, das man versucht, über vorhandene Probleme zu legen, noch der Raum, in den man die Probleme der Organisation schiebt, mit denen sich eigentlich niemand beschäftigen will. Es ersetzt weder eine gute (Anstalts-)Leitung, noch ist es mit Organisationsentwicklung zu verwechseln.

Grenzen von Ethikkomitees

Ein Ethikkomitee löst nicht alle Probleme des Justizvollzugs – auch nicht alle Probleme derer, die dort arbeiten. Das Fehlen von Supervision oder anderen Formen der Begleitung führt häufig dazu, dass sich Bedienstete mit ihren Fragen und Problemen allein fühlen: Es gibt so vieles, über das man eigentlich sprechen müsste! Die ethische Fallreflexion als eine Diskussion in der Gruppe scheint hier einen Ausweg zu versprechen. Aber: Die Fallreflexion ist und ersetzt nicht kollegiale Beratung. Auch wenn die Erfahrung gegenseitiger Bestärkung wichtig ist, kann das Ethikkomitee nicht der Ort sein, an dem diese institutionalisiert wird, denn dann würde es nicht mehr der Reflexion von Situationen, sondern von Personen dienen. Davor ist aber zu warnen, denn dies mündet schnell in Kritik auf der einen Seite oder eine bloße gegenseitige Bestätigung im Sinne eines verbalen Schulterklopfens auf der anderen Seite. Formen der professionellen Begleitung oder der kollegialen Beratung sind weiterhin notwendig. Die Abgrenzungen sind in der Praxis manchmal schwierig, aber sie sind wichtig.

Wann ist die Arbeit gelungen?

Auch wenn für gute Rahmenbedingungen gesorgt ist, kann das Gelingen eines Ethikkomitees nicht garantiert werden: Mehr noch, es ist oft gar nicht einfach zu bestimmen, wann die Arbeit als gelungen bezeichnet werden kann. Denn die oben genannten Wirkungen eines Ethikkomitees in der Anstalt lassen sich oft schwer erfassen – v. a. nicht quantitativ: Veränderungen in komplexen sozialen Interaktionen lassen sich nicht einfach messen. Zu viele Faktoren sind beteiligt, zu kurzfristig sind unsere Erwartungen, und es bleibt unklar, was eigentlich zu bewerten ist (Arbeitszufriedenheit, Rückfallwahrscheinlichkeit, Sicherheit usw.) oder was geeignete Indikatoren dafür wären. Die Wirkungen eines Ethikkomitees lassen sich erst mittelfristig erkennen – und sind selten eindeutig. Das ist unter Umständen gegenüber zu hohen und kurzfristigen Erwartungen zu verteidigen.

An Grenzen stößt man aber auch in den Fallreflexionen. Wie oben ausgeführt haben viele Konflikte im Justizvollzug auch mit der Institution zu tun. An anderer Stelle wurde betont, dass die Reflexion in der Gruppe die Gegenüberstellung zwischen ohnmächtigem Einzelnen und machtvoller Einrichtung ein Stück weit aufbricht. Aber eben auch nur ein Stück weit: Die Fallreflexion stößt mitunter an die Grenzen des Systems Justizvollzug, ohne dass sie es freilich ändern könnte. Das kann zu Ernüchterung und Resignation führen. Allerdings sind zwei Dinge zu beachten: Es geht in der Fallreflexion nicht (direkt) um die Veränderung eines Systems, sondern der konkreten Situationen. Aber auch wenn es manchmal scheint, als könne man zu keiner Lösung kommen, weil sich ein Problem als „zu groß“ erweist, kann das Aufzeigen des Problems und der Grenzen der Machbarkeit ein wichtiges Ergebnis sein! Ein Ergebnis besteht nicht immer in einer fertigen Lösung, sondern auch die klare Darlegung eines Problems – mit Identifikation der Beteiligten, der Haupt- und Nebenkonflikte – ist ein Ergebnis. Ein wichtiges noch dazu!

Dieser zweite Teil stellt das Kernstück der Handreichung dar – mit ihm sollte die ethische Fallreflexion gelingen. Der folgende dritte Teil will dazu beitragen, die kennengelernten Begriffe in größere Zusammenhänge und Theorien einzuordnen, um sie auf diese Weise besser zu verstehen.

Weiterführende Literatur:

Becka, Michelle (Hg.), Ethik im Justizvollzug. Aufgaben, Chancen, Grenzen, Stuttgart 2015.

Becka, Michelle, Ethikkomitees als ethische Reflexionsräume in Justizvollzugsanstalten, in EthikJournal 1/2017, https://www.ethikjournal.de/fileadmin/user_upload/ethikjournal/Texte_Ausgabe_1_06-2017/Becka_Ethikkomitees__EthikJournal_4_2017_1.pdf

Becka, Michelle, Strafe und Resozialisierung. Hinführung zu einer Ethik des Justizvollzugs, Münster 2016.

Bleisch, Barbara/Huppenbauer, Markus, Ethische Entscheidungsfindung. Ein Handbuch für die Praxis, 2. Aufl., Zürich 2014.

Diözesaner Ethikrat für das Erzbistum Paderborn, Das integrative Modell ethischer Fallbesprechung. Empfehlung, Paderborn 2015.

Forum Strafvollzug, Themenheft: Ethik im Vollzug – das gibt's, 3/2017.

Heinemann, Wolfgang, Ethische Fallbesprechung. Eine interdisziplinäre Form klinischer Ethikberatung, hg. von Malteser Köln, Köln 2005, URL: https://www.malteser.de/fileadmin/Files_sites/Fachbereiche/Krankenhaeuser/Downloads/ethische_fallbesprechung.pdf

IQES online, Methodenkoffer Moderation, URL: https://www.bug-nrw.de/fileadmin/web/Dateien_Netzwerkveranstaltungen/18.03.14_Kooperatives_Lernen_in_Konferenzen_und_Sitzungen/Moderatorenkoffer_gesamt.pdf

Kommunikationskollektiv (KoKo), Moderationsmethoden für Treffen und Workshops, URL: http://www.kommunikationskollektiv.org/wp-content/uploads/2013/04/Moderationsmethoden-S4C-KoKo.pdf

Kostka, Ulrike/Riedl, Anna Maria, Ethisch entscheiden im Team. Ein Leitfaden für soziale Einrichtungen, Freiburg 2009.

Krobath, Thomas/Heller, Andreas (Hg.), Ethik organisieren. Handbuch der Organisationsethik, Freiburg 2010.

Lob-Hüdepohl, Andreas/Lesch, Walter (Hg.) Ethik der Sozialen Arbeit. Ein Handbuch, Paderborn 2007.

Lob-Hüdepohl, Erkunden – Rechtfertigen – Gestalten – Organisieren: Das Berliner Modell sozialprofessioneller Ethikberatung B:ERGO, in: EthikJournal 1/2017, https://www.ethikjournal.de/fileadmin/user_upload/ethikjournal/Texte_Ausgabe_1_06-2017/Lob-Huedepohl_BERGO_EthikJournal_4_2017_1.pdf

Sauer, Timo/Bockenheimer-Lucius, Gisela/May, Arnd, Ethikberatung in der Altenpflege. Theoretische und konzeptionelle Überlegungen, in: Frewer, Andreas et al. (Hg.) Ethikberatung in der Medizin, Berlin 2012, 151–165.

Steinkamp, Norbert/Gordjin, Bert, Ethik in Klinik und Pflegeeinrichtungen. Ein Arbeitsbuch, 3. Auflage, Köln 2010.

TEIL III

Ethisch-philosophische Begründungstheorien. Vertiefung

Wir haben gesehen: Es geht in der ethischen Fallreflexion darum, zu einem ethischen Urteil (nicht zu verwechseln mit einem Rechtsurteil!) zu kommen – zur Erkenntnis darüber, was mit guten Gründen als richtig oder falsch gelten kann. Dazu, so wurde ausgeführt, müssen Normen, Werte und Überzeugungen u. Ä. bestimmt und abgewogen werden. Es gibt aber unterschiedliche Zugänge oder unterschiedliche theoretische Rahmen, in denen diese Abwägungsprozesse stattfinden. Das sind sogenannte Begründungstheorien.

Abgrenzung zur akademischen Ethik

Nun könnte man einwenden, das sei doch eine sehr abstrakte Angelegenheit und daher Teil der akademischen Ethik. Tatsächlich beschäftigt sich diese intensiv damit, wie Normen zu begründen sind und versucht, entsprechende Theorien zu entwickeln. Das ist hier nicht nötig. Je nach Rahmen gestaltet sich der Abwägungsprozess aber anders. Es ist also wichtig, dass wir eine Vorstellung davon haben, wie die „Weichen gestellt" sind, welche Vorannahmen jemand hat, wenn er innerhalb einer bestimmten Theorie argumentiert. Aus diesem Grund werden die wichtigsten Theorien hier skizziert.

Begründungsansätze sind nichts, was man einfach auf eine bestimmte Situation anwenden kann. Sie sind eher Verstehensrahmen oder bieten verschiedene Zugänge. Sie begründen je unterschiedlich, was das ethisch Richtige ist. Und weil die Begründung unterschiedlich ist, ist auch das als richtig Definierte selbst je verschieden.

Es gibt Ethiker, die bewegen sich konsequent in einer dieser Theorien und versuchen ebenso konsequent, aufkommende Problem in dieser – und nur in dieser – Spur zu beantworten. In der Fallreflexion geht es nicht um die Konstruktion einer perfekten Theorie, sondern um die gelingende Praxis. Und so kann es durchaus sein, dass mal die eine Spur zum Ziel führt und mal die andere – das heißt: Mal bietet Theorie A eine hilfreiche Perspektive, mal Theorie B… Und manchmal reden wir aneinander vorbei, weil der eine Gerechtigkeit utilitaristisch versteht, die andere aber deontologisch. Um nachvollziehen zu können, was es damit auf sich hat, werden im Folgenden drei Ansätze dargestellt: Utilitarismus, Deontologische Ethik (nach Kant und nach Habermas) und die Ethik des Guten Lebens.

Hinweis: Es handelt sich um eine vereinfachte Darstellung mit eher groben Zuordnungen. Denn tatsächlich gibt es innerhalb jedes der theoretischen Ansätze zahlreiche verschiedene Theorien und Ausprägungen, die durchaus in Spannung zueinanderstehen.

Utilitarismus

Der Begriff Utilitarismus fasst verschiedene Entwicklungsstufen und Strömungen zusammen, die sich untereinander stark unterscheiden – von „dem" Utilitarismus zu sprechen ist also etwas irreführend. Es handelt sich um eine Form konsequentialistischer Ethik und zeichnet sich dadurch aus, dass er rationale und empirische Momente vereint:

Handlungsfolgen im Mittelpunkt

Konsequentialistische Ethiken bewerten die Richtigkeit einer Handlung von den Folgen (Konsequenzen!) her. Beim Utilitarismus geht es dabei vorrangig um den Nutzen – daher der Name, denn Nutzen ist im Lateinischen „utilitas". Die Leitfrage des Utilitarismus lautet: „Was ist der größte Nutzen für alle?"

Nach dem Prinzip der Nützlichkeit ist jene Handlung sittlich geboten, also richtig, deren Folgen das Glück aller Betroffenen vermehrt. Der klassische Utilitarismus geht zurück auf Jeremy Bentham (1748–1832), der den Ausdruck prägte: „das größte Glück der größten Zahl". Möglichst großes Glück – oder möglichst geringes Leid – von möglichst vielen Menschen soll also durch eine Handlung erreicht werden. Dabei fasste Bentham dies sehr wörtlich, nämlich quantitativ, er hielt den Nutzen in Form von Glück für eine errechenbare Größe. Seinem Schüler John Stuart Mill (1806–1873) ging es stärker um ein qualitatives „Mehr" an Glück. Glück, Lust und Wohlbefinden können für ihn unterschiedliche Qualität haben (das leuchtet ein, es schließt sich aber die schwierige Frage an, nach welchen Kriterien dies zu unterscheiden ist). Es gilt dann, das qualitativ höherstehende Glück zu mehren.

Das größte Glück der größten Zahl

Der universalistische Ansatz des Utilitarismus ist bemerkenswert: Denn die Forderung nach dem größten Glück der größten Zahl bedeutet, dass eine Steigerung des Glücks – oder Wohlergehens – einiger nicht zu rechtfertigen ist, wenn es auf Kosten anderer geht. Übertragen wir das auf Fragen weltweiter Ungleichheit und der damit verbundenen Lebensstile, kommt man mit dem Utilitarismus zu einem klaren moralischen Urteil: Ein Lebensstil, der zur Steigerung der Lebensqualität einiger dient, aber dabei die Lebensqualität anderer verschlechtert, ist nicht zu rechtfertigen. Aus einer anderen Perspektive birgt der Utilitarismus jedoch Schwierigkeiten: Was passiert, wenn es das Wohl der Allgemeinheit fordert, einem Einzelnen zu schaden? Blickt man nur auf die Summe des Nutzens, ist der Schutz des Einzelnen – seines Lebens, seiner Würde, seiner Rechte – nicht gewährleistet! (Siehe auch den Schluss dieses Buches.)

Im Anschluss an Bentham und Mill hat sich der Utilitarismus stark ausdifferenziert. So unterscheidet man etwa zwischen einem Handlungs- und einem Regelutilitarismus: Bei ersterem wird nach dem Nutzen einer einzelnen Handlung gefragt, beim zweiten nach dem einer Regel (was uns in die Nähe der deontologischen Ethik – siehe unten – führt). Die Unterschiede sind erheblich. Wichtiger noch ist der sogenannte Präferenzutilitarismus: Zu maximieren ist hier die Erfüllung von Präferenzen, also dem, was wichtig erscheint. Das muss dann nicht mehr notwendig Lust oder Wohlbefinden sein, sondern kann sich auch auf Bildung, Gesundheit oder Ähnliches beziehen. Es geht folglich um Interessen – und die spielen häufig eine wichtige Rolle. In allen politischen Prozessen, aber auch in vielen anderen Situationen, geht es um die Abwägung von Interessen. Der Präferenzutilitarismus fordert nun, dass, um die Richtigkeit einer Handlung zu beurteilen, die Präferenzen aller betroffenen Wesen, ausdrücklich nicht nur Menschen, als Maßstab genommen werden müssen. Eine Handlung, die diesen Interessen widerspricht, kann nicht moralisch gut sein. Im Justizvollzug kann es durchaus sinnvoll, und in der Fallreflexion notwendig, sein, nach den Interessen aller Betroffenen zu fragen und sie zu berücksichtigen.

Deontologische Ethik oder Sollensethik

Bewertung der Handlungsabsichten

Deon ist griechisch und bedeutet Pflicht. Die Pflicht drückt aus, was wir tun sollen. Daher wird diese Form auch Pflichtethik oder Sollensethik genannt. Die Theorien, die diesem Ansatz zugeordnet werden können, haben den stärksten Verbindlichkeitsgrad, sie sind stark normativ. Sie bewerten eine Handlung nicht (nur) nach ihren Konsequenzen, sondern nach der Absicht, mit der sie begangen wurde – und ihrer Übereinstimmung mit einer Regel. Eine Handlung muss in sich (intrinsisch) richtig sein. Dabei ist vorausgesetzt, dass eine Regel grundsätzlich gilt: immer und überall.

Der wichtigste und bekannteste Vertreter deontologischer Ethik ist Immanuel Kant (1724–1804). Die Grundfrage seiner Moralphilosophie lautet: „Was soll ich tun?“ Auch wenn Kants Begründungen schwierig sind, ist der Grundgedanke eigentlich ganz einfach – und wichtig für unsere Fragen: Der Mensch ist in der Lage, selbst zu entscheiden, was richtig und falsch ist, und soll nach diesem Maßstab, der auf einem allgemeinen Prinzip gründet, handeln.

Holen wir ein wenig aus: Der Mensch ist den Naturgesetzen unterworfen. So können wir uns beispielsweise nicht der Schwerkraft entziehen. Aber – und das ist ein Unterschied zu anderen Lebewesen – der Mensch kann sich über sinnliche Ansprüche hinwegsetzen: Er kann etwa entscheiden nicht zu essen, obwohl er Hunger hat, weil er fastet. Dann lässt sich der Mensch nicht durch seine Bedürfnisse bestimmen. Entscheidend ist für Kant, dass sich der Mensch mit Blick auf sein Handeln auch nicht durch Vorgaben von anderen bestimmen lässt.

Das kann missverstanden werden: Natürlich lassen wir uns ständig durch Vorgaben bestimmen, die andere uns machen, die meisten Normen, die unser Zusammenleben regeln, haben wir nicht selbst gewählt oder gesetzt. Und sie sind nötig, weil gesellschaftliches Zusammenleben ohne Regeln nicht funktioniert. Für die Frage, ob eine Handlung moralisch richtig ist, genügt aber der Verweis auf andere nicht. „Das war schon immer so; das ist so, weil es eine Autorität gesagt hat; das ist Gottes Wille“ und andere Verweise sind nicht hinreichend zur Begründung, warum etwas richtig oder falsch ist. Das wäre eine Fremdbestimmung (Heteronomie). Nach Kant sind wir aber autonom: Wir erkennen kraft unserer Vernunft, was richtig ist. Wir handeln nach subjektiven Handlungsgründen (Maximen), die wir mit dem freien Willen daran ausrichten können und sollen, was vernünftig und moralisch richtig ist. Ob eine Maxime moralisch ist, kann anhand der Frage geprüft werden, ob sie verallgemeinerungsfähig ist: Die erste Formel des kategorischen Imperativs fordert so zu handeln, dass die Maxime des Handelns zugleich als Prinzip der allgemeinen Gesetzgebung gelten könnte.

Vernunftgeleitetes Handeln

Das aber verpflichtet uns zu entsprechendem Handeln: Das als richtig Erkannte ist zu tun! All das führt dazu, dass Kants Ethik manchmal rigoros erscheint. Weil etwa die Maxime, dass man lügen soll, nicht vernünftig und nicht wünschenswert wäre (wenn ich sie verallgemeinere, wäre Kommunikation kaum noch möglich), ist die Lüge für Kant moralisch falsch. Das gilt grundsätzlich; Notlügen sind nicht erlaubt. Uns fallen sicher Situationen ein, die uns an der rigorosen Geltung dieser Maxime zweifeln lassen. In anderen Fällen aber ist der starke Verpflichtungsgrad einer deontologischen Ethik wichtig, etwa in Blick auf die Menschenwürde: Der Mensch ist – wie Kant sagt – in der Lage, sittlich zu handeln, also selbständig zu entscheiden, was richtig ist, er ist autonom. Dies gilt für jeden Menschen! Darin liegt seine besondere Würde. Die Freiheit des Menschen, die im selbstbestimmten Handeln zum Ausdruck kommt, ist von allen anderen zu achten – ich darf nicht einfach über einen anderen verfügen, ihn instrumentalisieren, denn dann missachte ich seine Autonomie. Deshalb formuliert Kant den Kategorischen Imperativ auch folgendermaßen: „Handle so, dass du die Menschheit sowohl in deiner Person, als in der Person eines jeden andern jederzeit zugleich als Zweck, niemals bloß als Mittel brauchst." (Kant AA IV, 429) Diese sogenannte Selbstzweckformel verbietet die Instrumentalisierung von anderen zu meinen Zwecken. Die Autonomie des anderen muss immer geachtet werden, ansonsten wird seine Würde verletzt. Die Selbstzweckformel bietet ein wichtiges – und durchaus praktikables – Kriterium, um unser Handeln zu bewerten, auch im Justizvollzug.

Diskursethik

Viele haben in Kants Spuren weitergedacht, der deontologische Grundgedanke wurde weiterentwickelt, verändert und neuen Erkenntnissen und Gegebenheiten angepasst. An dieser Stelle sei lediglich kurz auf die Diskursethik von Jürgen Habermas verwiesen, weil sie für die Kommunikationssituation des Ethikkomitees von besonderem Interesse ist.

Kommunikativer Prozess

Habermas (geb. 1929) schließt an Kants Idee einer deontologischen, vernunftbasierten Moralbegründung an – aber die Begründung der richtigen Maximen erfolgt nicht mehr allein im stillen Kämmerlein, sondern im tatsächlichen kommunikativen Prozess, dem sogenannten Diskurs, der bestimmten Regeln zu folgen hat. Das wichtigste Prinzip der Diskursethik ist das sogenannte Diskursprinzip D: „Gültig sind genau die Handlungsnormen, denen alle möglicherweise Betroffenen als Teilnehmer an rationalen Diskursen zustimmen könnten" (Habermas 1998, 138). Daneben gibt es noch das Universalisierungsprinzip, nach dem die Folgen und Nebenwirkungen, die sich aus einer Norm ergeben, von allen Betroffenen zwanglos akzeptiert werden können müssen. Die Diskursteilnehmer sind angehalten, ihre eigenen Interessen und Ansprüche mitzuteilen und zugleich die aller anderen, die entsprechend zu Gehör zu bringen sind, anzuerkennen, um gemeinsam zu einem begründbaren allgemeinen Interesse zu gelangen. Das setzt eine Fähigkeit zum Perspektivwechsel voraus, die auch in der Fallreflexion nötig ist.

Wenn man von den – viel diskutierten – Schwierigkeiten der Diskursethik absieht, lässt sich doch folgern, dass die intersubjektive und kommunikative Erweiterung von Kants Grundidee notwendig und heute kaum anders zu denken ist. Sie gibt zudem wichtige Anhaltspunkte für die ethische Fallreflexion, weil die beiden Prinzipien wichtige Prüfkriterien im Diskurs bieten.

Und selbstverständlich prägt die Grundidee der Diskursethik auch das Ethikkomitee: Es geht um die Annahme, dass man in einem gleichberechtigten, herrschaftsfreien Diskurs begründen kann, was richtig und falsch ist. Dass es schwierig ist, bei allen unterschiedlichen Rollen und Kompetenzen tatsächlich auf Augenhöhe zu kommunizieren, lässt sich nicht bestreiten. Es muss immer wieder überprüft werden, wie und ob das bessere Argument entscheidet – und nicht etwa Macht oder eine andere Form der Einflussnahme. Diese zu identifizieren und zu kritisieren, ist auch Teil der Diskursethik.

Wer darf am Diskurs teilnehmen?

Eine Frage für die Ethikkomitees drängt sich diskursethisch geradezu auf: Müssten nicht auch Inhaftierte Mitglieder mitwirken an der Fallreflexion? Eigentlich ja, denn es sollten alle, die von einer Norm betroffen sind – wir können allgemeiner sagen: die von dem Konflikt Betroffenen – an der Diskussion, die ihre Befolgung oder Ablehnung begründet, mitwirken. Eigentlich eine schlichte und einleuchtende Forderung. Mehr noch: Erweist sich nicht gerade daran die Bedeutung des Ethikkomitees, dass sie eine hierarchiefreie und offene Kommunikation ermöglicht? Dennoch hat bislang kein Ethikkomitee in einer JVA Inhaftierte beteiligt. Verschiedene Gründe werden dafür angeführt: Weil die Kommunikationssituation nicht über das bestehende Machtgefälle hinwegtäuschen kann, weil die beteiligten Inhaftierten wahrscheinlich Anfeindungen der Mitinhaftierten ausgesetzt wären, weil die Sprachkompetenzen vielleicht zu unterschiedlich sind u. v. m.

Auch wenn das gute Gründe sein mögen – zu leicht sollte man sich die Entscheidung nicht machen. Es ist gut zu überlegen, wie Inhaftierte und ihre Interessen im Ethikkomitee angemessen vertreten sein könnten. Wenn eine Beteiligung als dauerhaftes Mitglied nicht sinnvoll erscheint, wäre vielleicht wenigstens fallbezogen eine Mitwirkung denkbar oder zumindest eine anwaltschaftliche Vertretung – auch wenn sie die Selbstvertretung nicht ersetzen kann.

Teleologische Ethiken / Ethik des Guten Lebens

Streben nach einem gelungenen Leben

Eigentlich ist dieser Ethikansatz älter als die beiden zuvor genannten. Die teleologische Ethik geht nämlich zurück auf Aristoteles (382–322 v. Chr.). Schon für Aristoteles war der Mensch ein vernunftbegabtes Wesen, das sein Leben gestalten kann und muss. Ein gelingendes Leben realisiert sich für Aristoteles in der Gemeinschaft (in der *polis*), da der Mensch ein Gemeinschaftswesen ist. In dieser Gemeinschaft kann der Mensch seine Natur verwirklichen – allerdings meint Natur für Aristoteles etwas anderes als für uns heute, die wir Natur mit etwas „Ursprünglichem" verbinden. Die Natur für Aristoteles ist im Menschen zwar angelegt, aber sie ist ein Ziel, das in einem guten – wie er es nennt tugendhaften – Leben erst zu verwirklichen ist. Es gibt also so etwas wie eine Natur des Menschseins, die jede und jeder Einzelne in einem guten Leben zu realisieren hat.

Nicht ohne Grund folgt dieser Abschnitt jedoch nach den Ausführungen zu Utilitarismus und deontologischer Ethik. Denn die Wiederentdeckung der Ethik(en) des guten Lebens im 20. Jahrhundert reagiert einerseits auf eine Überbetonung starker deontologischer Konzepte und greift – deren Rigorosität und Situationsblindheit kritisierend – auf Aristoteles zurück, verändert diesen aber erheblich. Dachte Aristoteles noch an ein gemeinsames Ziel aller menschlichen Entwicklung, scheint die Formulierung eines solchen *Telos*, auf das wir uns alle hin entwickeln, im 20. und 21. Jahrhundert doch fraglich geworden.

Heutige Ansätze von Ethiken des guten Lebens betonen gerade die Unterschiede der verschiedenen Lebensentwürfe: „Was ist das für mich Gute?“, so könnte man als Leitfrage formulieren. Welche Handlung ist kohärent für mich, was entspricht meiner Identität? So wird beispielsweise die Frage nach dem Verbot der Lüge nicht in der Allgemeinheit beantwortet wie bei Kant, sondern eher im Sinne von: Kann ich dann noch in den Spiegel schauen? Kann ich mit dieser Lüge leben? Dabei geht es um die konkrete Lüge in einer bestimmten Situation, nicht um Lügen im Allgemeinen, gleichwohl ist die Situation in das Gesamt eines Lebenszusammenhangs eingebettet. Während in der deontologischen Ethik die Verallgemeinerung wesentlich ist, geht es hier stärker um konkrete Situationen und Lebenszusammenhänge. Und während in deontologischen Ethiken die Gerechtigkeit zentral ist (was wiederum mit der Frage der Verallgemeinerbarkeit zusammenhängt), sind teleologische Ansätze geprägt von der Idee eines Guten oder auch der Gutheit.

Tugend als Haltung

Dabei plädiert dieser Ansatz nicht für eine subjektive Beliebigkeit, nach der alles erlaubt ist, solange ich es mir irgendwie „schönreden“ kann. Er setzt vielmehr eine permanente Bildung der eigenen Haltung, oder auch eine Schärfung des Gewissens, voraus. Da man die Haltung, aus der heraus wir handeln, Tugend nennt, werden diese Ethikansätze auch als Tugendethik bezeichnet. Die Einzelhandlung ist eingebettet ist ein kohärentes Gesamtkonzept eines gelingenden Lebens. Die Beliebigkeit wird auch dadurch verhindert, dass ein gutes Leben immer – ganz im Sinne des Aristoteles – ein Leben mit anderen ist.

Es gibt auch zeitgenössische Vertreter, die den Ansatz institutionenethisch ausbuchstabieren – und ihn damit wieder universalistisch wenden. So nimmt Martha Nussbaum (geb. 1941) an, dass es bestimmte menschliche Fähigkeiten sind, die menschliches Leben zu einem guten und gelingenden Leben machen – und zwar für alle Menschen. Und es ist Aufgabe der entsprechenden staatlichen Institution, die Entwicklung und Ausübung dieser Fähigkeiten zu ermöglichen und zu garantieren. Übertragen auf den Justizvollzug könnte man mit Nussbaum folgern, dass im Sinne der Resozialisierung Bedingungen geschaffen werden müssen, unter denen Inhaftierte die Fähigkeiten entwickeln können müssen, die zu einem Leben in Freiheit erforderlich sind.

Abschließend sei auf die besondere Rolle der Situationsklugheit hingewiesen. In der jeweiligen Situation ist für Aristoteles – und das übernehmen die späteren Ansätze – Klugheit erforderlich. Klugheit, nicht im Sinne von „altklug" oder „besserwisserisch", sondern als die Fähigkeit, in der konkreten Situation das Richtige zu tun. Klugheit ist ein ethisches Urteilsvermögen, mit dem wir in einer konkreten Situation aber auf der Grundlage unserer gesamten Lebenserfahrung entscheiden und handeln können. Diese Fähigkeit ist auch in der ethischen Fallreflexion von Nöten.

Von Dilemmata und solchen, die keine sind. Anstelle eines Schlusses

Ja, es gibt Dilemmasituationen: Situationen, in denen man zwischen zwei Möglichkeiten zu wählen hat – und beide machen einen Normverstoß notwendig oder gefährden gleichwertige Güter. Man kann es eigentlich nicht richtig machen.

Ausweglose Situationen?

Der Utilitarismus bringt oft solche Beispiele und scheint dann durch die Aufrechnung – etwa von Menschenleben – den einzig möglichen Ausweg zu bieten. Bekannt sind jene Dilemmageschichten, in denen etwa zu entscheiden ist, ob man eine Weiche umstellt, so dass man durch die Zugumleitung viele

Menschenleben retten kann und dafür eins (aktiv) opfert; oder das bekannte Beispiel des Flugzeugabschusses, wenn ein Terrorist dieses auf ein Hochhaus lenkt oder über einer Stadt abstürzen lassen will. Das sind schwierige moralische Entscheidungen, die hier weder angemessen diskutiert noch gelöst werden können.

Nun folgt das erwartete „Aber“: Zum einen sind diese Situationen seltener, als suggeriert wird. Zum anderen gibt es eine problematische Tendenz, aus der Ausnahme eine Regel abzuleiten. Letzteres ist für uns hier weniger relevant (denn es geht bis hinein in Fragen der Gesetzgebung) – ein bisschen aber doch: Es wäre nämlich falsch zu denken, dass, nur weil es Situationen gibt, in denen etwa das Prinzip, dass jedes Menschenleben wertvoll und als solches zu schützen ist, nicht durchzuhalten ist, dieses Prinzip aufzugeben ist. Auch im Justizvollzug stellen wir fest, dass Prinzipien nicht immer durchzuhalten sind. Deshalb sollten sie dennoch nicht vorschnell aufgegeben werden.

Ethikkomitees können den Blick weiten

Ein Dilemma lenkt den Blick auf zwei Alternativen, nennen wir sie A und B, und auf die schwierige, ja unmögliche, Entscheidung, welche zu befolgen richtig ist. Wir haben in dieser Handreichung von Anfang an vom ethischen Konflikt gesprochen (auch nicht ganz einfach, wie sich gezeigt hat) statt von Dilemma – auch um die Engführung auf die zwei – und nur zwei! – Alternativen A und B aufzubrechen und vielleicht weitere Problemdimensionen und Handlungsperspektiven in den Blick zu bekommen. Ein Beispiel zur Verdeutlichung aus einem Ethikkomitee:

Eine drogenabhängige Mutter erhält Besuch von ihrem Kleinkind. Sie darf ihr Kind jedoch nur durch eine Glasscheibe sehen, es also nicht in den Arm nehmen oder auch nur berühren. Am Körper des Kindes könnten ja Drogen versteckt sein, die auf diese Weise in die Anstalt gelangen.

Die Diskussion im Ethikkomitee setzte sich fest an der sehr konkreten Fragestellung: Trennscheibe hoch oder Trennscheibe runter? Es fand eine Engführung statt auf Alternative A und Alternative B. Ist das nun ein Dilemma? Eher nicht. Der Knoten löste sich, als jemand die Frage stellte, worum es denn bei diesem Konflikt eigentlich ginge. Es wurde diskutiert, was man genau schützen oder ermöglichen will. Die moralischen Güter wurden benannt: Schutz der Familie (immerhin gesetzlich garantiert), Selbstgefährdung und Gefährdung der Sicherheit der Anstalt durch Drogen u. a. Als diese Güter benannt wurden, konnte gefragt werden, ob es nicht andere Wege gäbe, die vielleicht beides – zumindest ein Stück weit – ermöglichen. Die Diskussion öffnete sich und verließ die Sackgasse der Dilemmasituation. Am Ende konnte sogar gezeigt werden, dass die Drogenkontrolle in dieser Form nicht einmal dem Ziel des Schutzes der Person und der Sicherheit der Anstalt gerecht würde.

An diesem Beispiel zeigt sich einmal mehr die Bedeutung der ethischen Reflexion im Justizvollzug, die dazu beiträgt, vermeintliche Selbstverständlichkeiten zu hinterfragen und das Vollzugsziel der Resozialisierung immer wieder ins Zentrum zu rücken. Diese Handreichung möchte Sie dabei unterstützen und zum Weiterdenken motivieren!

Weiterführende Literatur:

Ach, Johann, S./Bayertz, Kurt/Siep, Ludwig (Hg.), Grundkurs Ethik. Eine Einführung, Bd. 1 Grundlagen, Münster 2008.

Aristoteles, Nikomachische Ethik, herausgegeben und übersetzt von Ursula Wolf, 7. Auflage, Hamburg 2018.

Düwell, Marcus/Hübenthal, Christoph/Werner, Micha (Hg.) Handbuch Ethik, Stuttgart 2002.

Habermas, Jürgen, Moralbewusstsein und kommunikatives Handeln, Frankfurt 1983.

Henning, Tim, Allgemeine Ethik (Basiswissen Philosophie), Paderborn 2019.

Henning, Tim, Kants Ethik: Eine Einführung (Reclams Universalbibliothek), Stuttgart 2016.

Höffe, Otfried (Hg.), Einführung in die utilitaristische Ethik: Klassische und zeitgenössische Texte, 5. Auflage, Tübingen 2013.

Höffe, Otfried (Hg.), Ethik. Eine Einführung (Beck'sche Reihe), 2. Auflage, München 2018.

Horn, Christoph, Einführung in die Moralphilosophie, Freiburg 2018.

Lutz-Bachmann, Matthias, Grundkurs Philosophie/Ethik (Reclams Universalbibliothek), Stuttgart 2013.

Pauer-Studer, Herlinde, Einführung in die Ethik, Wien 2003.

Quante, Michael, Einführung in die Allgemeine Ethik, 6. Auflage, Darmstadt 2017.

Anhang

Checkliste: Was braucht man für die Einrichtung eines Ethikkomitees?

Folgende Fragen bieten eine Hilfestellung zur Prüfung, ob das ein Ethikkomitee ein geeignetes Instrument in Ihrer Justizvollzugsanstalt sein könnte:

- Wer will ein Ethikkomitee einrichten und mit welcher Intention?
  Vergewissern Sie sich zu Beginn über Ihre Motivation und Ihre Erwartungen an ein Ethikkomitee.

- Unterstützt die Anstaltsleitung das Vorhaben?
  Es ist nicht nötig, dass ein Vertreter oder eine Vertreterin Mitglied des Ethikkomitees ist, aber die Anstaltsleitung sollte das Anliegen grundsätzlich unterstützen – nicht zuletzt, weil sie es innerhalb und außerhalb der Anstalt vertreten muss.

- Ist die Anstaltsleitung bereit, regelmäßig Bedienstete in ihrer Arbeitszeit für die Arbeit im Ethikkomitee von anderen Aufgaben zu entbinden?
  Die Organisation eines Ethikkomitees ist angesichts knappen Personals und durch den Schichtdienst schwierig. Es bedarf daher zunächst der grundsätzlichen Bereitschaft, Arbeitszeit zur Verfügung stellen. Für die genaue Ausgestaltung ist eine gute Absprache mit den Verantwortlichen für die Erstellung der Dienstpläne nötig.

- Gibt es eine ausreichende Zahl an Interessierten?
  Nicht alle werden von Anfang an überzeugt sein von einem neuen und unbekannten Projekt. Aber es ist nötig, dass es einige Interessierte gibt. Werben Sie für die Idee und suchen Sie sich Verbündete. Nur dann kann die Arbeit beginnen und weiteres Interesse geweckt werden.

- Herrscht in der JVA ein Minimum an Gesprächskultur – oder zumindest der Wille dazu?
  Zwar dient das Ethikkomitee mittelfristig der Verbesserung auch der Arbeits- und Kommunikationsatmosphäre in der Anstalt, aber für sein Funktionieren ist es nötig, dass eine offene und respektvolle Gesprächskultur herrscht. Nur wenn jeder den Eindruck hat, im Gespräch auch seine Perspektive einbringen zu können und seine Meinung sagen zu könnten, ist ein echter Dialog und ein problemorientierter Diskurs möglich.

- Achten Sie auf eine interdisziplinäre Zusammensetzung!
  Neben mehreren Vertreterinnen und Vertretern aus dem Allgemeinen Vollzugsdienst sollten im Ethikkomitee möglichst viele Fachdienste vertreten sein, Sicherheit und Ordnung, Ausbildungsleitung und dem juristischen Bereich usw.

→ Wenn diese Fragen geklärt sind, kann die Planung der Arbeit begonnen werden. Dazu ist es sinnvoll, dass sich die Gruppe eine Art „Satzung“ gibt, in der ganz praktische Dinge festgelegt sind:
  – Wie oft und wo finden Treffen statt?
  – Wer übernimmt die Moderation?
  – Wer übernimmt das Protokoll?

- Wie werden die Ergebnisse in die Anstalt kommuniziert?
- Wie kommt man an „Fälle"?
- Wann und wie wird nachgeprüft, was aus einer Empfehlung geworden ist?

→ Wir empfehlen, die Einrichtung eines Ethikkomitees durch die AG Ethik im Justizvollzug extern begleiten zu lassen: für die Verständigung über die Arbeit eines Ethikkomitees, aber auch und vor allem für eine Einführung in Ethik und das Einüben ethischer Reflexion.

→ Auch laufende Ethikkomitees werden durch die AG Ethik im Justizvollzug begleitet. Die Teilnahme an Workshops zur Weiterbildung wird empfohlen.
Kontakt unter:
- AK Ethik im Justizvollzug der Katholischen Gefängnisseelsorge: https://gefaengnisseelsorge.net/ethik
- Professur für Christliche Sozialethik der Universität Würzburg: https://www.theologie.uni-wuerzburg.de/institute-lehrstuehle/prak/professur-fuer-christliche-sozialethik/projekte/ethik-im-justizvollzug/

Glossar

Ethik
Ethik ist das Nachdenken über das richtige Handeln. Und weil das Handeln von moralischen Vorstellungen geleitet ist, kann man auch sagen: Ethik ist die Reflexion (oder auch Reflexionstheorie) der Moral. Das bedeutet, dass man gute Gründe sucht für das, was zu tun oder zu lassen ist.

Ethikkomitee
Eine mit Vertretern unterschiedlicher Professionen besetzte Gruppe, die ethische Fallreflexionen durchführt oder sich auf andere Weise mit Fragen der Ethik in einer Einrichtung beschäftigt. Ein Ethikkomitee kann Empfehlungen aussprechen, jedoch keine bindenden Entscheidungen treffen. Abzugrenzen von Ethikkommission (siehe dort).

Ethikkommission
Eine Gruppe von Wissenschaftlerinnen und Wissenschaftlern, die zu Fragen v. a. medizinischer Forschung Stellung beziehen. Sie haben eine Kontrollfunktion, müssen in bestimmten Fragen konsultiert werden und ihre Entscheidungen sind (oft) bindend.

Fallreflexion, ethische
Eine unstimmig erscheinende Handlung bzw. Handlungssituation wird als ethischer Konflikt verstanden und diskutiert. Dadurch wird das zugrunde liegende Problem erkannt und Handlungsalternativen können benannt werden.

Gut, moralisches

„Moralisches Gut" ist ein recht allgemeiner Begriff, der eher ungenau die Ziele menschlichen Handelns umfasst. Man versucht damit die Grunddimensionen des Menschlichen zu erfassen – und zwar materieller und immaterieller Art.

Güterabwägung

Wenn moralische Güter identifiziert wurden (z. B. Leben, Gerechtigkeit, Gesundheit), kann es sein, dass nicht alle gleichermaßen erreicht werden können. Es ist abzuwägen, welches Vorrang hat.

Konflikt (allgemein)

Unvereinbarkeit von Zielen oder Mittel in einer konkreten Situation, wobei für beide Seiten durchaus gute Gründe angeführt werden können. Zur Sonderform des ethischen Konflikts siehe dort.

Konflikt, ethischer

Sonderform des Konflikts, die sich auf das richtige Handeln bezieht. Dabei reicht der ethische Konflikt immer über bloße Vorlieben hinaus und verweist auf etwas Größeres, Allgemeines. In seiner Ausrichtung auf Werte und Normen nimmt er Bezug auf diese moralischen Güter.

Konflikt, moralischer (siehe Konflikt, ethischer)

Moral

Set an Überzeugungen, Werten und auch Normen, die Menschen für gültig halten. Diese Vorstellungen leiten unser Handeln und geben ihm Orientierung.

Nebenfolge

Im Handeln verfolgt man ein bestimmtes Ziel. So kann die Intention einer Autofahrt sein, sich schnell und flexibel fortzubewegen. Umweltverschmutzung durch CO_2-Ausstoß o.ä. ist im Regelfall nicht das Ziel des Autofahrens, wird aber dennoch dadurch bewirkt. Nebenfolgen sind also (meist) unbeabsichtigte, aber in Kauf genommene Effekte einer Handlung.

Norm

Eine Norm ist eine Regel, an der Handeln auszurichten ist. Sie beansprucht Verbindlichkeit – sei es für eine Gruppe oder universal.

Praxis

Praxis ist das griechische Wort für Handeln. Es bezeichnet das wissentliche und willentliche Tun (und Unterlassen). Weitere Unterscheidungen werden in dieser Handreichung nicht getroffen.

Unbehagen, ethisches

Noch unbestimmtes, unter Umständen körperliches Gefühl („Grummeln im Bauch"), das anzeigt: Hier passiert etwas, das nicht passieren sollte, hier wird vielleicht etwas berührt, das für das Zusammenleben bedeutend ist. Das Unbehagen kann erstes Anzeichen für einen ethischen Konflikt sein; immer bedarf es aber einer genauen Klärung, ob es sich wirklich auf einen ethischen Konflikt bezieht oder andere Gründe hat.

Wert

Werte sind Überzeugungen und Leitvorstellungen, die unserem Handeln zugrunde liegen. Sie haben stärker subjektiven Charakter als Normen und sind sozial und kulturell geprägt.

Nachweise

(in der Reihenfolge der Nennung)

Ricœur, Paul, Das Selbst als ein Anderer, München 1996.

Ernst, Stephan, Grundfragen theologischer Ethik. Eine Einführung, München 2009.

Becka, Michelle, Strafe und Resozialisierung. Hinführung zu einer Ethik des Justizvollzugs, Münster 2016.

Plessner, Helmut, Philosophische Anthropologie, Berlin 2019.

Höffe, Otfried, Art. Wert, in: Ders. Lexikon der Ethik, 7. neu bearbeitete und erweiterte Auflage, München 2008.

Musil, Robert, Der Mann ohne Eigenschaften, Teil 1, Reinbek bei Hamburg 1978.

Adorno, Theodor W., Minimalia Moralia, Gesammelte Schriften 4, Frankfurt/Main 1997.

Goffman, Erving, Asyle: Über die soziale Situation psychiatrischer Patienten und anderer Insassen, Frankfurt/Main 1973.

Fabricius, Dirk, Ethik, Gesetz und Recht unter institutionellen Bedingungen: ein konflikthaftes Verhältnis, in: Becka, Michelle (Hg.), Ethik im Justizvollzug. Aufgaben, Chancen, Grenzen, Stuttgart 2015, 61–74.

American Society for Bioethics and Humanities (ASBH), Core Competencies for Healthcare Ethics Consultation, 2. Auflage, Chicago 2010.

Becka, Michelle, Strafe und Resozialisierung. Hinführung zu einer Ethik des Justizvollzugs, Münster 2016, 229–232.

Beauchamp, Tom/Childress, James, Principles of Biomedical Ethics, 6. Auflage, Oxford 2008.

Düwell, Marcus, Menschenwürde als Grundlage der Menschenrechte, in: zmr 1/2010, 64–79.

Böckenförde, Ernst-Wolfgang, Die Garantie der Menschenwürde, in: http://www.bundestag.de/-blickpunkt/101_Debatte/0604/0604053.htm, 2006. → Link inaktiv, ähnlich: Ders., Bleibt die Menschenwürde unantastbar?, in: Blätter für deutsche und internationale Politik, 10/2004.

Hassemer, Winfried, Warum Strafe sein muss. Ein Plädoyer, Berlin 2009.

Kant, Immanuel, Gesammelte Schriften, Berlin 1900ff., AA IV, 329/GMS, BA 66.

Habermas, Jürgen, Faktizität und Geltung. Beiträge zur Diskurstheorie des Rechts und des demokratischen Rechtsstaats, Frankfurt 1998.